给孩子讲点

中华句典

宿　磊◎主编

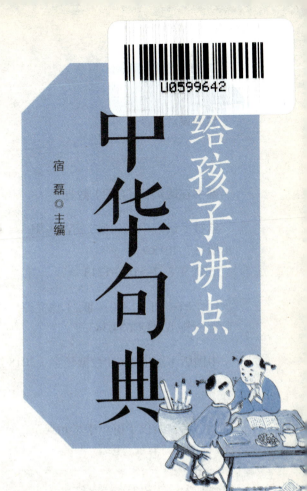

华龄出版社
HUALING PRESS

责任编辑：潘笑竹
责任印制：李未圻
封面设计：颜　森

图书在版编目（CIP）数据

给孩子讲点中华句典 / 宿磊主编. -- 北京：华龄
出版社，2018.7
　　ISBN 978-7-5169-1213-3

　　Ⅰ.①给… Ⅱ.①宿… Ⅲ.①作文课 – 中小学 – 教学
参考资料 Ⅳ.①G634.343

　　中国版本图书馆CIP数据核字（2018）第101704号

书　　　名：给孩子讲点中华句典
作　　　者：宿磊　主编

出 版 人：胡福君
出版发行：华龄出版社
地　　址：北京市东城区安定门外大街甲57号　　邮编：100011
电　　话：58122254　　　　　　　　　　　　传真：58122264
网　　址：http://www.hualingpress.com

印　　刷：三河市东兴印刷有限公司
版　　次：2019年7月第1版　　　2019年7月第1次印刷
开　　本：710×1000　1/16　　印　张：14
字　　数：180千字
定　　价：39.80元

前言

Preface

    有些孩子一听写作文，就满心喜悦，提笔即写，片刻而就，他们在作文世界里如同畅游在水中的鱼儿一般快活；有的孩子，听到要写作文，一脸苦相，手中的笔仿佛重如千斤，提不起来也写不下去，即使费了九牛二虎之力，写出来的文章也是语言贫乏、苍白无力。真是心中有话说不出，眼前有景道不明。

    不可否认，对写作文发怵是现在孩子们普遍存在的一个问题，这让老师感到头疼——明明自己该教的都教了，也采用了各具特色的作文教学形式，为什么有的学生还是不会写作文呢？更让家长感到困惑——诸如世界名著、作文宝典之类的课外书、辅导书该买的都买了，为什么自己家的孩子写作文时还是无从下手呢？

    孩子写不好作文，原因是多方面的，但根本原因在于，现在的一些老师、家长只注重孩子阅读能力的提高，不注重孩子写作能力的培养。虽然阅读有助于写作，但如果不让孩子大量积累词汇，即使孩子的阅读能力再强，也不会写出好文章。

    写好作文离不开素材，如同盖房子离不开砖瓦一样。这本书就是一个为孩子们量身定做的"素材库"，它几乎覆盖了孩子作文的所有范围，为培养孩子写作能力添砖加瓦，为扩充孩子知识面、提高文学鉴赏能力提供了捷径。

    写作能力的提升是一个循序渐进的过程，因此，本书涵盖的内容富有阶梯性，既有与本类相关的古代诗词名句、民间谚语，也有歇后语；既便于孩子们学习，又利于大家知识的储备和写作能力的提高，而且眉目清晰、便于查阅。

当孩子想了解中国传统文化时，请你为他翻开这本书！当孩子对卷帙浩繁的古籍望洋兴叹时，请你为他翻开这本书！当孩子埋头在历代著作中寻章索句时，请你为他翻开这本书！当孩子为翻译句子而苦恼时，请你为他翻开这本书！本书实为一部写作宝典，一位良师益友。

目 录
Contents

第七篇　社会百科面面观

第一篇

美好高尚的品德

第一章　人之行，莫大于孝

很多人都在说，等有钱了一定要好好孝敬父母。但你可以等待，父母却不能等待，在不经意间，父母渐渐变老。其实，孝敬父母不需要做出多伟大的事业，只要在每天早晨，我们用一句关爱的话语，一个亲热的动作，或任何一个微小的进步，就可以表达我们对父母的爱与孝心。

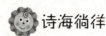 诗海徜徉

【哀哀父母，生我劬劳】

出处：《诗经·小雅·蓼莪》

释义：可怜的父母亲啊！为了生养我受尽劳苦。哀：可怜。劬（qú）：过分劳苦，勤劳。劬劳，指父母养育子女的劳苦。蓼莪（liǎo é）：《诗经·小雅》篇名。此诗表达了子女追慕双亲抚养之恩德的情思。

【欲报之德，昊天罔极】

出处：《诗经·小雅·蓼莪》

释义：想要报答您的恩德，而您的恩德就像天空一样浩瀚无边。昊（hào）：大（指天）。昊天：指广大的天，在这里比喻父母的恩情深重。罔极：指无穷、久远。罔（wǎng），没有。

【谁言寸草心，报得三春晖】

出处：唐·孟郊《游子吟》

释义：谁说像小草一样的些微孝心，能够报答如春天阳光般的母爱呢？寸草：比喻非常微小。三春晖：形容母爱如春天和煦的阳光。三春，指春天的孟春、仲春、季春。晖，阳光。

【人家见生男女好，不知男女催人老】

出处：唐·王建《短歌行》

释义：别人都说有了子女好，却不知道有了儿女，会让自己早早老去。说明父母为了儿女过早地衰老，作为子女，我们有什么理由不报答他们呢？

【思尔为雏日，高飞背母时。当时父母念，今日尔应知】

出处：唐·白居易《燕诗示刘叟》

释义：当你还是小燕子，高高地非离母亲。而当我们自己当了母亲之后，父母思念你们的心情，现在你应该很明白了。诗句借燕子懂得飞后便离弃双亲的习性，以及描写燕子父母的悲哀，告诫大家不要像燕子那般，完全忘记父母的养育之恩。

【母爱无所报，人生更何求】

出处：唐·李商隐《送母回乡》

释义：母亲的养育之恩都无法报答，人生还有什么事情值得追求呢？

【万事丝窠黏露珠，奉亲最乐天下无】

出处：宋·杨万里《题左正卿寿慈堂》

释义：世事无常皆如丝网上黏着的露水，什么也比不上奉养亲人的乐趣。

【惨惨柴门风雪夜，此时有子不如无】

出处：清·黄景仁《别老母》

释义：在风雪之夜离开这凄惨的柴门，渐行渐远，不禁令人兴叹：养子又有何用呢？倒不如没有！诗句十分真切地抒写出诗人内心无法抑制的内疚，指出作为子女不能守在父母身边尽孝是最大的不孝。

【母苦儿未见，儿劳母不安】

出处：清·徐熙《劝孝歌》

释义：母亲受苦时孩子不曾见到，孩子受苦时母亲心绪不宁。说明母亲处处关心孩子，而孩子却很少关心母亲。

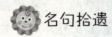 名句拾遗

【父母唯其疾之忧】

出处：《论语·为政》

释义：父母最担忧的是子女生病。言外之意，子女照顾好自己不让父母担心，就算尽孝。

【事父母几谏，见志不从，又敬不违，劳而不怨】

出处：《论语·里仁》

释义：子女侍奉父母，如果父母有不对的地方应该婉转地劝告，如果父母不能够听从自己的劝告，仍然要恭恭敬敬，不违背他们的意愿，任劳任怨。

【父母之年，不可不知也。一则以喜，一则以惧】

出处：《论语·里仁》

释义：父母的年龄不可不知道。一方面为他们的长寿而高兴，另一方面又为他们的衰老而伤心。

【事父母，能竭其力】

出处：《论语·学而》

释义：侍奉父母，应该竭尽全力。事：通侍，即侍奉、服侍的意思。

【子欲养而亲不待】

出处：汉·韩婴《韩诗外传》

释义：儿女想要赡养父母，但双亲都不在人世了。待：等待。说明孝顺父母要注重每时每刻，不可等待。

【孝在于质实，不在于饰貌】

出处：汉·桓宽《盐铁论·孝养》

释义：孝敬父母在于内心充满敬意与爱心，不在于礼节上做得是否周全。说明心中孝、态度敬才是真正的孝。

【慢人亲者，不敬其亲者也】

出处：晋·陈寿《三国志·魏书》

释义：不怠慢别人父母的人，肯定也不会敬重自己的父母。

慢：慢待，指态度冷淡，不礼貌。

【人子之事亲也，事心为上，事身次之，最下事身而不恤其心，又其下事之以文而不恤其身】

出处：明·吕坤《呻吟语》

释义：子女侍奉父母，最主要的是要让他们心情愉快，其次才是关心他们的身体，倘若只关心他们的身体而不关心他们心情是否愉快，就显得更差一些，而最差的则是只保持表面上的礼节而连他们的身体都漠不关心。

【守身不敢妄为，恐贻羞于父母】

出处：清·王永彬《围炉夜话》

释义：一个人谨守自己的行为举止而不胡作非为，就是因为担心自己的不良行为会使父母蒙羞。

【父母呼，应勿缓；父母命，行勿懒】

出处：清·李毓秀《弟子规》

释义：父母呼唤，要赶快答应；父母有命令，应赶快去做，不能偷懒。

【亲所好，力为具；亲所恶，谨为去】

出处：清·李毓秀《弟子规》

释义：父母喜好的东西，（子女）要尽力为他们准备；父母厌恶的东西，（子女）要谨慎地为他们去排除。

【亲爱我，孝何难；亲恶我，孝方贤】

出处：清·李毓秀《弟子规》

释义：父母疼爱我，做到孝有什么困难呢；父母讨厌我，仍尽孝，才为贤德。

【好饭先尽爹娘用，好衣先尽爹娘穿】

出处：清·作者无可考《劝报亲恩篇》

释义：好饭先给父母吃，好衣先给父母穿。

【出入扶持须谨慎，朝夕伺候莫厌烦】

出处：清·作者无可考《劝报亲恩篇》

释义：父母出入（门）要小心搀扶，早晚伺候父母不要心生厌烦。

【劳苦莫教爹娘受，忧愁莫教爹娘耽】

出处：清・作者无可考《劝报亲恩篇》

释义：不要让父母受苦受累，不要让父母分担你的忧愁。

【时时体贴爹娘意，莫教爹娘心挂牵】

出处：清・作者无可考《劝报亲恩篇》

释义：要时刻体贴、理解父母，不要让父母操心挂念你。

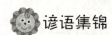 谚语集锦

【千万经典，孝义为先】

释义：成千上万部经典都在强调，孝和义是人首先应当做到的。

【吃遍天下盐好，走遍天下娘好】

释义：天底下没有比盐更美味的食物，天底下没有比娘亲对自己更好的人。

【儿行千里母担忧】

释义：母亲时刻惦记出门在外的孩子。

【家有一老，如有一宝】

释义：家里有个老人，非常宝贵。

【养儿防老，积谷防饥】

释义：养孩子是为了防备年老时无人照顾，积屯粮食是为了防备饥荒时没有食物。

【爹养儿小，儿养爹老】

释义：父母养育孩子，孩子应该知恩图报，好好地赡养父母。

【羊有跪乳之恩，鸦有反哺之义】

释义：小羊吃奶的时候是跪着喝奶的，小乌鸦长大了能反过来喂养老乌鸦，以报答父母的养育之恩。

【久病床前无孝子】

释义：长久服侍生病的父母，儿女们会产生厌烦情绪。说明

只有在父母生病的时候，才能发现真正的孝子。

【妻贤夫祸少，子孝父心宽】

　　释义：妻子贤惠，她的丈夫灾祸就少；子女孝顺，父母就心情舒畅。

【千里烧香，不如在家敬爹娘】

　　释义：千里拜佛烧香，不如现在孝敬爹娘。旧时指奔波千里拜佛求来生，不如以孝敬爹娘来积德保来生。

【敬了父母勿怕天，纳了赋税勿怕官】

　　释义：孝敬父母不怕天道惩罚，守法尽忠不怕法律制裁。天：天道责罚。纳了赋税：意为守法尽忠。官：官府，指法律制裁。

【当家才知柴米贵，养儿方知父母恩】

　　释义：当家的人才知柴米可贵，抚养孩子的人才会报答父母对自己的恩情。说明只有当了父母，才能体会当父母的艰辛。

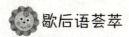 歇后语荟萃

【郑庄公挖地道——不到黄泉不相见】

故事漫谈

　　郑庄公的母亲从小就不喜欢他，而喜欢他的弟弟共叔段。后来她竟然发展到帮助共叔段谋反，意欲置庄公于死地的地步。郑庄公十分愤怒，发誓说不到黄泉不与母亲见面。后来，他心生悔意，在一个聪明的大臣的帮助下，"掘地及泉"，母子相见，重归于好。

　　这个故事告诉我们，无论发生什么事情，都不要和父母说过头的话。即使一时失口让父母伤心，也应巧妙地使用方法让父母开心，尽孝道。

【茶馆搬家——另起炉灶】

　　释义：比喻成家之后，就与父母分家，另立门户。言外之意，孩子有了自己的一番事业，不让父母为自己的生活操心，就算尽孝。

【饭来张口，衣来伸手——坐享其成】

释义：比喻自己不出力而享受别人取得的成果。享：享受。成：成果。说明生活中娇生惯养的小孩，不仅不懂得关心父母，还把父母当"奴隶"来伺候自己。

【怀里揣梳子——舒（梳）心】

释义："舒"与"梳"同音。舒心：心情舒畅。意思是孝敬父母就要让父母心情愉悦，不顶撞父母，不做让父母生气的事。

【儿子不养娘——白疼他一场】

释义：母亲将全身心的爱都给了孩子，反过来，孩子长大后不赡养母亲，伤透母亲的心。比喻孩子不孝顺。

【农村的老黄牛——苦了一辈子】

释义：农村的老黄牛，耕田种地，兢兢业业，辛苦了一辈子。这里用来形容父母抚养子女，操劳辛苦。

第二章　"礼"是相处的基础

或许你不经意的一个行为，如尊敬长辈、尊重他人、热情接待客人，便会得到他人的大力赞赏；又或许你不经意的一个举动，如随地吐痰、出言不逊、耀武扬威，便会使得你在别人心目中的形象大打折扣。在当今文明社会中，要想做一个有素质、受欢迎的人，就要时刻注意保持礼节。

 诗海徜徉

【人而无仪，不死何为】

出处：《诗经·鄘风·相鼠》

释义：如果人连仪态都没有，活着能干什么呢？这句诗说明人应该注重礼仪。仪：威仪，严肃的态度，庄重的行为。何为：倒装，即"为何"。

【我有嘉宾，鼓瑟吹笙】

出处：《诗经·小雅·鹿鸣》

释义：我的朋友们，（我要）吹奏乐器欢迎你们的到来。说明要热情接待宾朋。嘉宾：友好的宾客。鼓瑟吹笙：指以奏乐欢迎客人的方式。

【投我以桃，报之以李】

出处：《诗经·大雅·抑》

释义：送给我一个桃子，我还回一个李子。比喻彼此之间的互相酬赠或礼尚往来。投：投掷，在这里是赠送的意思。报：回报，回赠。

【温温恭人，维德之基】

出处：《诗经·大雅·抑》

释义：温和谦恭，是高尚道德的基础。

【花径不曾缘客扫，蓬门今始为君开】

出处：唐·杜甫《客至》

释义：长满花草的庭院小路，还没有因为迎客打扫过。一向紧闭的家门，今天才第一次为你打开。说明客人来做客之前，出于礼貌应把家打扫干净。缘：由于，因为。蓬：草。

【盘飧市远无兼味，樽酒家贫只旧醅】

出处：唐·杜甫《客至》

释义：远离街市买东西不便，菜肴很简单，买不起高贵的酒，只好用家酿的陈酒，请随便享用吧！家常话语听来十分亲切，很容易从中感觉到主人竭诚尽意的盛情和力不从心的歉疚。对待客人，心意比形式更重要。

【远处从人须谨慎，少年为事要舒徐】

出处：唐·元稹《赠蜀五·首张校书元夫》

释义：在远处居住与人相处要慎重，少年时做事应当从容谦让。从人：与人相处。舒徐：从容谦抑。

【新竹高于旧竹枝，全凭老干为扶持】

出处：清·郑燮《新竹》

释义：新竹竿高于旧竹竿，全靠老的枝干在底下支撑、扶持。比喻年轻人虽然超过老年人，但老年人的作用不可忽略，无论何时，我们都要尊敬老年人。

 名句拾遗

【乐至则无怨，礼至则不争】

出处：《礼记·乐记》

释义：乐事做得好了则人心无怨，礼事做得好了则人无所争。

【礼尚往来。往而不来，非礼也；来而不往，亦非礼也】

出处：《礼记·曲礼》

释义：礼节重在相互往来：有往无来，不符合礼节；有来无往，也不符合礼节。尚：重在。

【礼之用，和为贵】

　　出处：《论语·学而》

　　释义：礼的作用，最主要的是使人与人和谐共处。

【以约失之者，鲜矣】

　　出处：《论语·里仁》

　　释义：因为用（礼仪）约束自己，过错就少了。约：约束。鲜：少。

【恭而无礼则劳，慎而无礼则葸，勇而无礼则乱，直而无礼则绞】

　　出处：《论语·泰伯》

　　释义：一味恭敬而不用礼节来指导就会疲劳，小心谨慎而不用礼节来指导就会畏惧，勇敢无畏而不用礼节来指导就会作乱，心直口快而不用礼节来指导就会尖刻。

【非礼勿视，非礼勿听，非礼勿言，非礼勿动】

　　出处：《论语·颜渊》

　　释义：不合乎礼节和道德的东西不看，不合乎礼节和道德的话不听，不合乎礼节和道德的话不谈，不合乎礼节和道德的事不做。

【狎甚则相简，庄甚则不亲】

　　出处：《孔子家语·三恕》

　　释义：过分亲昵就会态度怠慢，过分庄重就不会彼此亲近。说明人与人交往要保持一定距离，正所谓距离产生美。

【恭敬之心，礼也】

　　出处：《孟子·告子上》

　　释义：对别人恭敬、尊重，是礼的具体表现。

【以礼为翼者，所以行于世也】

　　出处：《庄子·大宗师》

　　释义：把礼仪当作羽翼的人，用礼仪的教诲在世上施行。行：通行。

【辞让之心，礼之端也】

　　出处：《孟子·公孙丑上》

释义：有了谦让的心，正是重视礼仪的开始。

【非仁无为也，非礼无行也】

出处：《孟子·离娄下》

释义：不仁的事不干，不合礼的事不做。

【轻则寡谋，骄则无礼】

出处：春秋·鲁·左丘明《国语》

释义：轻佻的人缺少谋略，骄横的人没有礼节。

【将求于人，则先下之，礼之善物也】

出处：春秋·鲁·左丘明《左传·昭公二十五年》

释义：将要对别人有所求，就首先要做到谦恭自抑，这在礼节上就是善于处理事物。求：请求。礼：礼物。

【千里不同风，百里不共雷】

出处：汉·王充《论衡·雷虚》

释义：相隔千里所刮的风不一样，百里内所响的雷声也不相同。比喻地方不同，风俗各异。我们不要讥笑异地的风俗，最好是做到入乡随俗。

【人用术，我以诚感之；人使气，我以理屈之】

出处：清·金缨《格言联璧》

释义：别人使用权术，我以诚实的态度感化他；别人动气了，我以道理使他折服。说明无论如何，都要用"礼"来说服对方。

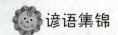 谚语集锦

【让礼一寸，得礼一尺】

释义：你礼让别人一寸，别人就会礼让你一尺。

【见人施一礼，少走十里路】

释义：对人施一礼，可以少走十里路。比喻礼多不仅人不怪，反而可以为自己带来好处。

【待人以礼，事事顺利】

释义：对人以礼相待，做事就会一帆风顺。说明有"礼"无难事。

【怪人不知礼，知礼不怪人】

释义：责备他人不知道礼节，但知书达礼的人不会怪罪不懂礼数的人。说明对于不懂礼的人，不应该与其计较。

【长者赐，少者不敢辞】

释义：对于长辈的馈赠，晚辈不能推辞不接受。

【情越疏，礼越多】

释义：感情越疏远，需要讲究的礼节就越多。

【却之不恭，受之有愧】

释义：推却或拒绝别人的邀请或礼物是不恭敬的，接受下来又感到有些惭愧。

【人恶礼不恶】

释义：别人行事虽然恶劣，但还应以礼相待。

【在家不会迎宾客，出外方知少主人】

释义：在家的时候不会接待客人，外出的时候才知道要拜访的地方缺少主人的关心。

【客来主不顾，应恐是痴人】

释义：主人见客人来了不去主动打招呼，恐怕这是个愚人。

【士者国之宝，儒为席上珍】

释义：读书之人是国家的宝贝，儒生就像宴席上的美味珍肴。

【入乡随俗】

释义：进入一个地方，就要顺从当地习俗。

【入门问讳】

释义：旧时指去拜访他人，要先问清楚对方父祖的名讳，以便谈话时避讳。现泛指问清楚有什么忌讳。

【礼有经，亦有权】

释义：礼节有常规的，也要有变通。

【恭可平人怒，让可息人争】

释义：肃敬可以使人的怒气平缓，谦逊礼让可以使人的纷争停息。

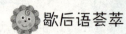 歇后语荟萃

【见人先作揖——礼多人不怪】

释义：一个人礼节多了，别人也不会怪罪。意即人要有礼貌。

【得牛还马——礼尚往来】

释义：指礼节上应该有来有往。现也指以同样的态度或做法回答对方。

【船上打伞——没天没地】

释义：比喻说话没礼貌。

【千里送鹅毛——礼轻情意重】

释义：比喻礼物虽轻但人与人之间的情意深厚。

【凉木待客——冷淡】

释义：木头常被用来形容人呆板、冷漠。用凉木接待人，说明人态度冷淡、不热情，缺少礼貌。

【秀才打架——讲礼】

释义：秀才是读书人，即使与人理论，也不忘记用儒学经典《礼记》中的思想。《礼记》是战国至秦汉年间儒家学者解释说明经书《仪礼》的文章选集，是一部儒家思想的资料汇编。

【一百里走了九十九——差一礼（里）】

释义："里"与"礼"同音。形容做事万事俱备，只差礼节。

第三章　勤劳节约是老传统

　　追求富贵、赢得富贵并不难，难就难在能不能守住富贵。有些人一旦成为富贵之人就沾沾自喜，不知天南地北，过着奢侈糜烂的生活。日子一久，"甜尽苦来"，只好再努力挣钱。富贵不能生根发芽，只有通过辛勤劳动才能获得，但是只知勤劳，不知节俭，富贵也不会长久。

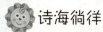 诗海徜徉

【衣食当须纪，力耕不吾欺】

　　出处：晋·陶渊明《移居二首》

　　释义：人的衣食需要自己经营，只要付出劳动，田地是不会欺骗我的。

【救烦无若静，补拙莫如勤】

　　出处：唐·白居易《自到郡斋题二十四韵》

　　释义：安静最能摆脱烦恼，勤奋最能弥补拙笨。

【奢者狼藉俭者安，一凶一吉在眼前】

　　出处：唐·白居易《草茫茫》

　　释义：奢侈使人行为不检、名声不好，勤俭便可使人长久安乐。奢则错，俭便吉，这是很快就显现出来的。狼藉：比喻行为不检，名声不好。

【不栽桃李树，何日得成阴】

　　出处：唐·张谓《寄李侍御》

　　释义：不栽种桃树李树，何时才能享受阴凉。比喻不劳动就不能享受。

【历览前贤国与家，成由勤俭破由奢】

　　出处：唐·李商隐《咏史》

释义：纵观历史，大到邦国，小到家庭，无不是兴于勤俭，亡于奢靡。

【谁知盘中餐，粒粒皆辛苦】

出处：唐·李绅《悯农》

释义：又有谁知道盘中的饭食，每一粒都是（农民）辛苦得来。说明我们要学会节俭，更要学会感谢辛勤劳作的农民。

【方知此艺不可有，人间万事凭双手】

出处：唐·牛殳（shū）《琵琶行》

释义：（经过种种历练）才知道这种奇特本领并不存在，世间万事都是凭借双手做出来的。

【家中勤检校，衣食莫令偏】

出处：唐·王梵志《全唐诗补逸》卷二

释义：应当勤俭持家，不要对衣食偏于讲究。

【克勤克俭，无怠无荒】

出处：宋·郭茂倩《乐府诗集·梁太庙乐舞辞》

释义：要勤劳节俭，不要懒惰荒疏。

【懒者常似静，静岂懒者徒】

出处：宋·苏轼《送岑著作》

释义：懒惰的人常常好像很安静，但真正做到静心修养的人，绝不是懒惰之徒。

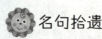 名句拾遗

【人惰而侈则贫，力而俭则富】

出处：《管子·形势解》

释义：人懒惰又奢侈，生活就会贫困；勤劳而节俭，生活就会富足。

【克勤于邦，克俭于家】

出处：《尚书·大禹谟》

释义：在国家事业上要不辞辛劳，在家庭生活上要节俭。

【俭，德之共也；侈，恶之大也】

　　出处：春秋·鲁·左丘明《左传·庄公二十四年》

　　释义：节俭，是善行中的大德；奢侈，是邪恶中的大恶。

【俭开福源，奢起贫兆】

　　出处：北齐·魏收《魏书·李彪传》

　　释义：节俭为幸福开辟源泉，奢侈是贫困的预兆。

【人生在勤，不索何获】

　　出处：汉·张衡《应闲》

　　释义：人生在世上就应该勤奋，不去追求进取哪来收获呢？

【奢侈之费，甚于天灾】

　　出处：唐·房玄龄等《晋书·傅玄传》

　　释义：奢侈的耗费比天灾还严重。

【居丰行俭，在富能贫】

　　出处：唐·房玄龄等《晋书·陆云疏》

　　释义：丰绰时坚持俭朴，富足时也不奢侈。

【由俭入奢易，由奢入俭难】

　　出处：宋·司马光《资治通鉴》

　　释义：由俭朴节约的生活转变成奢华富裕的生活容易，而过惯了奢华富裕的生活再想俭朴节约就会很难。

【一粥一饭，当思来处不易；半丝半缕，恒念物力维艰】

　　出处：明·朱柏庐《治家格言》

　　释义：一粥一饭，应当想到得来是不容易的；一丝一线，应常想到这些东西生产出来是很艰难的。意思是要告诉我们懂得节约，不能铺张浪费。

【观人家起卧之早晚，而知其兴衰】

　　出处：明·庞尚鹏《庞氏家训》

　　释义：看家庭成员起床的早晚，便知晓这个家庭的兴衰。说明每个家庭要想兴旺，就必须早起晚睡，辛勤劳动。

【凡不能俭于己者，必妄取于人】

出处：清•魏禧《日录里言》

释义：凡是自己不能勤俭节约的人，一定会随便拿别人的东西。

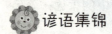 谚语集锦

【奢侈者，危亡之本】

　释义：生活不知节俭，是败亡的根源。本：根源。

【创业不可不勤，居家不可不俭】

　释义：创业不可不勤劳，居家过日子不可不节俭。

【金玉非宝，节俭是宝】

　释义：黄金宝玉不是宝贝，养成节俭的美德比黄金美玉更宝贵。

【勤俭富贵之本，懒惰贫贱之苗】

　释义：节俭是使人富贵的关键，懒惰是使人贫贱的根苗。

【坐吃山空，立吃地陷】

　释义：不生产只消费，金山银山也会被吃空，大地也会被吃得陷下去。

【粮收万石，也要粗茶淡饭】

　释义：即使家庭富有，也要过着粗茶淡饭的简朴生活。

【常将有日思无日，莫待无时想有时】

　释义：在富裕时要想到贫困的时候，不要等到贫困时再沉迷于对富裕时生活的回忆。意思是在富贵时应懂得节约。

【一滴水，一滴油，不让一滴白白流】

　释义：即使一滴水、一滴油，也不能白白浪费。

【勤俭好似燕衔泥，浪费好似水冲堤】

　释义：勤俭节约就像燕子衔泥垒窝，要慢慢积累；而浪费就像洪水冲堤，很短的时间内就会冲破大堤，这说明浪费是非常快的。

【光俭不勤无源水，光勤不俭水断流】

　释义：光节俭不勤劳，就像没有源头的水；光勤劳不节俭，就像河水枯竭，水流不再继续。说明节俭与勤劳缺一不可。

【勤是财外财，用掉还会来】

释义：勤劳是财富的财富，财富没了还会再生成财富。说明勤劳是取之不尽，用之不竭的财源。勤：勤劳。财外财：意为看不见、意识不到的财富。用掉：指花掉勤劳换来的钱。还会来：指财富又会产生。

【有了卧处，就想伸腿】

释义：有了可以躺下的地方，就想把腿伸开。形容人懒惰。

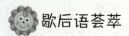 ## 歇后语荟萃

【春天的蜜蜂——闲不住】

释义：春天的蜜蜂辛勤采蜜，一刻也不休息。比喻人勤劳，不愿意闲着。

【端着金碗讨饭——装穷叫苦】

释义：手捧黄金打造的饭碗讨饭，明明很富有却偏偏喊穷。讽刺人不能利用自身条件勤劳致富，只想依靠别人的施舍过日子。

【油瓶倒了不扶——懒到家了】

释义：油瓶倒了都懒得伸手扶起来，形容人极其懒惰。

【蚂蚁的腿——勤快】

释义：蚂蚁很勤劳，寻找、搬运食物时争先恐后。在这里比喻人非常勤快。

【哥俩分家——自食其力】

释义：兄弟俩自立门户，靠自己养活自己。说明人应该依靠自己的劳动来换取自己想要的生活。

【武大郎卖烧饼——晚出早归】

释义：很晚出去却很早回来，讽刺那些偷懒的人。

【哑巴讲话——靠手做】

释义：哑巴不能说话，凡事依靠双手来表达。说明手对人而言极为重要，既可以表达情感，也可以帮助人改善生活，达到致富的目的。

第四章　感恩涤荡一切尘埃

　　感恩并不一定是口头上感谢恩人的大恩大德，也不一定是重金馈赠。如果恩人处于困境之中，即使自己能力有限，也要全力以赴，以实际行动告诉他再困难也要与之共进退。如果恩人施恩不图回报，我们也要将这份情感时常挂念于心中，不能像写在沙尘中的文字一样，大风吹过便消失得无影无踪。

 诗海徜徉

【投我以木桃，报之以琼瑶】

　　出处：《诗经·卫风·木瓜》

　　释义：别人送给我一个木瓜，我要以美玉来报答。

【将恐将惧，维予与女，将安将乐，女转弃予】

　　出处：《诗经·小雅》

　　释义：在你担惊受怕的时候，只有我帮助你；但你到了安逸享乐的时候，反而要将我抛弃。告诫人们要懂得报恩。

【忘我大德，思我小怨】

　　出处：《诗经·小雅》

　　释义：忘了我的大恩情，只把小怨记分明。形容为了一点小恩怨就忘记大的恩情。

【一顾重尺璧，千金轻一言】

　　出处：北周·庾信《拟咏怀》

　　释义：顾遇之恩重于尺璧，重视诺言而轻千金。顾：顾遇。尺璧：直径一尺的璧玉，言其珍贵。

【才微易向风尘老，身贱难酬知己恩】

　　出处：唐·郭震《寄刘校书》

释义：才能低微造成地位低，难以报答知己的恩情。

【农夫方夏耘，安坐吾敢食】

出处：宋·戴复古《大热》

释义：农民在夏天的时候仍然在耕作，我怎么敢安心地坐在这里吃饭呢？

【死犹未肯输心去，贫亦其能奈我何】

出处：明·黄宗羲《山居杂咏》

释义：死尚且不能使我出卖良心，穷困又能把我怎么样呢？比喻无论何时，都不能逼迫自己出卖良心。

 名句拾遗

【以德报德，则民有所劝；以怨报怨，则民有所惩】

出处：《礼记·表记》

释义：用恩德报答恩德，这样做好事的人就会受到鼓励；以仇恨报答仇恨，这样做坏事的人就会受到惩戒。

【以直报怨，以德报德】

出处：《论语·宪问》

释义：以公正报答仇恨，用恩德报答恩德。

【衔环结草，以恩报德】

出处：春秋·鲁·左丘明《左传·宣公十五年》

释义：比喻感恩报德，至死不忘。衔环：嘴里衔着玉环。结草：把草结成绳子，搭救恩人。

【一饭之德必偿】

出处：西汉·司马迁《史记·范雎传》

释义：受人一顿饭的恩惠也必须要报答。

【士为知己者死】

出处：《战国策·赵策一》

释义：甘愿为赏识自己、栽培自己的人献身。知己者：了解自己，信任自己的人。

【记人之善，忘人之过】

出处：晋·陈寿《三国志·蜀书·秦宓传》

释义：记住别人的善行，忘掉别人的过失。

【问祖宗之德泽，吾身所享者是，当念其积累之难】

出处：明·洪应明《菜根谭》

释义：如果要问祖先是否为我们留下恩泽，只要看我们所享的幸福的厚薄就可以知道，因此应当时刻感念祖先遗留恩泽的不易。

【小人专望人恩，恩过辄忘】

出处：清·金缨《格言联璧》

释义：小人专门期望他人的恩惠，但受恩后就忘记。

【君子不轻受人恩，受则必报】

出处：清·金缨《格言联璧》

释义：君子不轻易受人恩惠，若受恩于人，则必定想法图报。

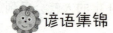 **谚语集锦**

【饮水思源，缘木思本】

释义：比喻不能忘记原来的境况和幸福的根源。缘：攀缘。木：树。本：根部。

【屋怕不稳，人怕忘本】

释义：屋子怕根基不稳，不稳就要倒；人怕忘本，忘本就会变得忘恩负义。指明人不可忘记本性。

 **【受人滴水之恩，必当涌泉相报】**

释义：受了别人的一滴水这样小的恩惠，就应当以涌泉一样的恩情报答人家。

【食人一口，还人一斗】

释义：吃别人一口饭，还别人一斗米。

【施人慎勿念，受施慎勿忘】

释义：施与别人恩惠不要念念不忘，但受人恩惠不要忘记。

【小人记仇不记恩，君子记恩不记仇】

释义：小人只记得别人对自己不好，忘记别人对自己的好；君子只记得别人对自己的好，忘记别人对自己的不好。

【吃饭不忘种谷人，饮水不忘掘井人】

释义：吃饭时不要忘记播种稻谷的人，喝水时不能忘记先前挖井的人。指享受别人的劳动成果时，不要忘记创造这种成果的人。也泛指不要忘记对自己有恩的人。

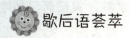 歇后语荟萃

【进学堂不带书——忘本】

释义：书是获取知识的根本。上学不带书，犹如没上学。忘本，在这里既指忘记根本，也指境遇变好后忘掉自己原本的情况和能够变好的原因。

【唐僧学经文——念念不忘】

释义：念念：时刻思念着。形容牢记于心，时刻不忘。

【吃了木炭——黑了心】

释义：比喻人没有良心，变坏了。黑：词义双关，既指颜色黑，又指心眼坏。

【病好打太医——恩将仇报】

释义：拿仇恨回报曾给予自己恩惠的人。指忘恩负义。报：报答。

【曹操杀华佗——以怨报德】

释义：以怨恨来回报别人给予的恩惠。

故事漫谈

曹操为建造宫殿，亲自挥剑砍伐跃龙祠前的梨树，得罪了梨树之神。当晚做了一个噩梦，惊醒之后便得了头痛顽症，遍求良医，均不见效。

后来，华歆向曹操举荐了华佗，曹操立马差人连夜将华佗请来为他看病。华佗认为曹操头痛是中风引起的，病根在脑袋中，

不是服点汤药就能治好的，需要先饮"麻肺汤"（按：也就是人们所熟知的"麻沸散"，是华佗发明的一种麻醉剂），然后用利斧砍开脑袋，取出"风涎"，才可能去掉病根。

多疑的曹操以为华佗是要借机杀他，为关羽报仇，于是命令左右将华佗收监拷问，致使一代神医屈死在狱中，而华佗所著的《青囊书》也因此失传。

【狼吃东郭先生——忘恩负义】

释义：东郭先生救了狼，狼反而将他吃掉。比喻忘却别人对自己的帮助，做事有损于过去的恩义。

【张飞撤退长坂坡——过河拆桥】

释义：自己过了河，便把桥拆掉。比喻达到目的后，就把帮助过自己的人一脚踢开。

第五章　关爱温暖世人心

　　谁说自己从没有帮助过别人？仔细想想，给同学讲解难题，帮陌生人指路，为贫困地区捐款捐物……生活中，处处留有我们助人的身影。帮助别人，不难，只要我们怀有一颗善心，在力所能及的前提下全力帮助身处困境中的人，就足够了。

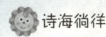 诗海徜徉

【阳春布德泽，万物生光辉】

　　出　处：《汉乐府·长歌行》

　　释　义：世上万物在春天受到阳光雨露的恩惠，焕发出无比的光彩。德泽：恩泽，这里指春天的阳光雨露。

【丈夫贵兼济，岂独善一身】

　　出　处：唐·白居易《新制布裘》

　　释　义：男子汉贵在使大家都过上好生活，怎么能只顾自己好，不顾别人呢？

【丈夫须兼济，岂得乐一身】

　　出　处：唐·薛据《古兴》

　　释　义：男子汉应当为大多数人谋利益，怎么能够只追求自己一人的安乐呢？

【圣人不利己，忧济在元元】

　　出　处：唐·陈子昂《感遇》

　　释　义：圣人不谋取私利，他所关怀、帮助的是善良的老百姓。

【但得众生皆得饱，不辞羸病卧残阳】

　　出　处：宋·李纲《病牛》

　　释　义：只要使得人们都能吃饱饭，就绝不推辞辛苦的劳作，即使筋疲力尽病倒在残阳下，也心甘情愿。

【万钟一品不足论，时来出乎苏元元】

出处：宋·陆游《五更读书示子》

释义：高官厚禄并不足念，重要的是有机会要接济苍生，为人民造福。万钟：形容很高的俸禄。一品：古代官吏共分九品，各有正从，一品为最高等级。苏：使苏醒，救活。元元：百姓。

【愿为衣絮衣天下，不道边风朔雪寒】

出处：清·陈恭尹《木棉花歌》

释义：我愿意化作漫天飞扬的木棉花絮，给天下人做衣裳，让他们不再抱怨风雪的寒冷。

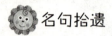 名句拾遗

【君子成人之美，不成人之恶】

出处：《论语·颜渊》

释义：君子只成全别人的好事，不成全别人的坏事。

【君子见人之厄则矜制之，小人见人之厄则幸之】

出处：《公羊传·宣公十五年》

释义：君子见到有人陷入困境，就会心生怜悯；而小人看见有人陷入困境，则会幸灾乐祸。

【吉人为善，惟日不足】

出处：《尚书·泰誓中》

释义：善人做善事，唯恐时间不够用。

【施舍不倦，求善不厌】

出处：春秋·鲁·左丘明《左传·昭公十三年》

释义：资助困难的人毫不厌倦，勉励人从善永不厌烦。

【善不可失，恶不可长】

出处：春秋·鲁·左丘明《左传·隐公六年》

释义：善良之心不能丢，作恶的念头不能滋生。

【人有急难，倾财救之】

出处：唐·李肇《唐国史补》

释义：别人有急难时，应拿出全部钱财去救助他人。

【一毫之善，与人方便；一毫之恶，劝君莫作】

出处：唐·吕岩《劝世》

释义：对人有一点好处的事都要去做；对人有一点坏处的事都不要去做。

【福在积善，祸在积恶】

出处：秦·黄石公《素书》

释义：不断地为善就是积福，不断地作恶就是积祸。

【为善者不云利，逐利者不见善】

出处：宋·林逋《省心录》

释义：做善事的人从来不谈利益，而追逐利益的人从来看不见他做善事。

【救人一命，胜造七级浮屠】

出处：明·冯梦龙《醒世恒言》

释义：救人一条命，胜过建一座七层的佛塔。

【浪子回头金不换】

出处：清·文康《儿女英雄传》

释义：不走正道的人改邪归正后极其可贵。

【心作良田，百姓耕之有余】

出处：清·金缨《格言联璧》

释义：善心作良田，后代子孙绵延耕种不完。比喻勤做善事，才能为后世积福。

【作德日休，为善最乐】

出处：清·金缨《格言联璧》

释义：日日修养德行，做好事最快乐。

【施不在丰，期于救乏】

出处：《孔丛子·连丛子下》

释义：施与不在丰厚，只望能帮助人解决困难。

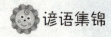谚语集锦

【马上不知马下苦，饱汉不知饿汉饥】

释义：骑马人不知道走路人的辛苦，吃饱饭的人不知道饥肠辘辘的人的饥饿。比喻自己舒服，不知别人的疾苦。

【知己知彼，将心比心】

释义：对于自己和对方的情况都很了解，用自己的心情去体会别人的心情。

【君子周人之急】

释义：有德行的人应在别人困急时给予周济、帮助。周：周济，接济。

【求人须求大丈夫，济人须济急时无】

释义：求人帮助要求正直无私的人，接济人要接济处于困境中的人。

【渴时一滴如甘露，醉后添杯不如无】

释义：在他人饥渴难耐时给予的一滴水，犹如甘露；在他人醉酒后再添酒，不如不添。意味在别人急需时给予帮助才有意义。

【帮人帮到底，救人救个活】

释义：帮助人要一帮到底，救助人要救到使人真正摆脱困境有了活路之后。也作"帮人帮到头，救人救到家"。

【善人流芳百世，恶人遗臭万年】

释义：行善者美名流传后世，作恶者臭名远扬。

【且存方寸地，留与子孙耕】

释义：把善良美好之心，留传给后代继承。

【但行好事，莫问前程】

释义：自身要多做义举做好当下，而不要去牵挂往后的发展，即做好事不要期望报答。但：只是。

【善有善报，恶有恶报】

释义：多做好事，就有好的回报；坏事干得多，一定有坏的报应。

【急难时救人，一善可当百善】

释义：在人碰上危难的时候拉人一把，做一件这样的好事，可以抵得上平时做一百件。

【出钱有功德，勿用拜菩萨】

释义：出钱做公益事业就是功德，不用拜佛去求取没有实际意义的功德声名。出钱：资助公益。功德：本义为佛教所指的行善、诵经、超度亡灵，引申为功劳和恩德。

 歇后语荟萃

【劳劳碌碌的蜜蜂——甜头给了别人】

释义：蜜蜂辛辛苦苦采蜜、酿蜜，最后将蜂蜜献给人类。形容具有奉献精神。

【六月里穿毛衣——热心】

释义：劝告每个人都要热心，要将心比心，因为你对他人态度直接影响他人对你的态度。

【啄木鸟吃害虫——与人为善】

释义：啄木鸟吃害虫，防止虫子啃咬树木，破坏森林。指善意帮助人。为：做。善：好事。

【化妆店里的买卖——成人之美】

释义：成全别人的好事。成：成就。

【雪中送炭——急人所急】

释义：在下雪天给人送炭取暖。比喻在别人急需时给予物质上或精神上的帮助。

【唐僧的肚皮——慈悲为怀】

释义：慈悲为怀，原为佛教语，指仁爱而给众生以安乐，怜

悯众生而祛除苦难。后泛指仁慈而富有同情心，乐于施舍救助他人。

【搬起石头——砸自己的脚】

释义：本想搬起石头打别人，没想到砸了自己的脚。比喻本来想害别人，结果害了自己，自食其果。搬：移动。

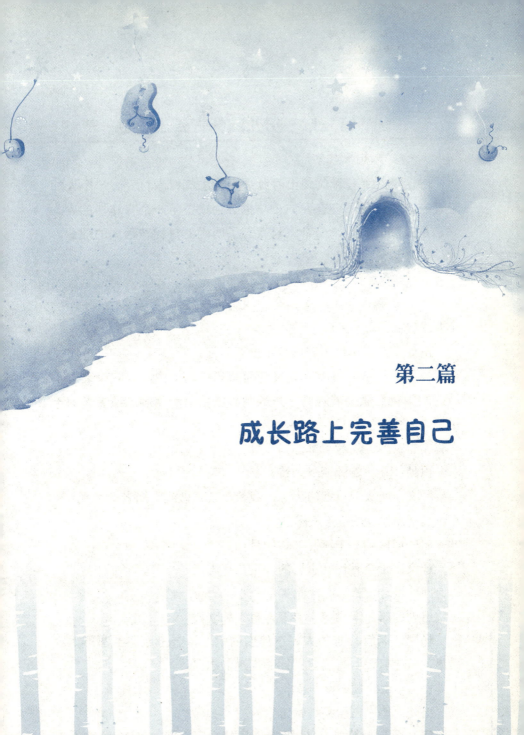

第二篇

成长路上完善自己

第一章　男儿胸怀青云志

　　俗话说，"石看纹理山看脉，人看志气树看材"。一个人如果没有志气，就不会奋发向上，也必定成不了一个有建树的人。立志是成功的起点，一个人只有有了明确的目标和远大的理想，才会朝气蓬勃、勇往直前。

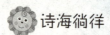 诗海徜徉

【老骥伏枥，志在千里】

　　出处：三国·魏·曹操《步出夏门行》

　　释义：千里马虽然因为衰老而蹲伏在马棚中，但它身衰志不减，胸中仍然激荡着驰骋千里的壮志豪情。老骥：已经衰老的千里马。

【丈夫志四海，我愿不知老】

　　出处：晋·陶渊明《杂诗》

　　释义：丈夫应以四海为志，我希望自己做到不知老。

【千金何足重，所存意气间】

　　出处：南朝·宋鲍照《代朗月行》

　　释义：千金有什么重要的，贵在有志气。

【昂昂独负青云志，下看金玉不如泥】

　　出处：唐·李渤《喜弟淑再至为长歌》

　　释义：胸有壮志的人，在他们的眼里，金玉连泥土都不如。昂昂：气宇轩昂。青云志：比喻高远的志向。

【怜君头早白，其志竟不衰】

　　出处：唐·白居易《寄唐生》

　　释义：敬佩你头发虽然都早早地白了，但志向追求始终不衰减。

【俱怀逸兴壮思飞，欲上青天揽明月】

出处：唐·李白《宣州谢朓楼饯别校书叔云》

释义：我们共同怀有高超的情致，壮思飞动，想上九天亲自去摘取明月。描写个人对理想的追求。逸兴：豪迈的兴致。揽：用手摘取。

【少年心事当拿云，谁念幽寒坐呜呃】

出处：唐·李贺《致酒行》

释义：少年正该壮志凌云，怎能一蹶不振？

【劝汝立身须苦志，月中丹桂自扶疏】

出处：唐·刘兼《贻诸学意》

释义：只要你有坚定的志向，就会像月宫里的桂树那样枝繁叶茂。扶疏：繁茂。

【良马不念秣，烈士不苟营】

出处：唐·张籍《西州》

释义：好马不是只注视食槽里的饲料，而是想驰骋千里路；有志气的人以天下大事为己任，而不谋求个人的私利。

【达士志寥廓，所在能忘机】

出处：唐·储光羲《古意》

释义：通达的人有远大的志向，从不把无谓之事放在心上。

【男儿无英标，焉用读书博】

出处：宋·刘过《怀古四首为知己魏倅元长赋兼呈王永叔宗丞戴少望》

释义：男儿如果没有远大的目标，读书再多又有什么用处呢？

【豪华一去难再得，壮气销沉土一丘】

出处：明·于谦《静夜思》

释义：荣华富贵失去了固然难以再得到它，但人的壮志豪气消失了，虽生犹死，不啻（chì，仅仅）为一抔（póu，捧；把）黄土罢了。销：通"消"。丘：土丘，引申为坟墓。

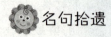 名句拾遗

【强行者有志】

　　出处：春秋·老子《道德经》

　　释义：顽强奋进的人必有志气。

【功崇惟志，业广惟勤】

　　出处：《尚书·周书·周官》

　　释义：功业崇高只有靠志向，学业广博只有靠勤奋。

【玩物丧志】

　　出处：《尚书·旅獒》

　　释义：迷恋于器物玩乐会使人失去志向和理想。

【三军可夺帅也，匹夫不可夺其志也】

　　出处：《论语·子罕》

　　释义：军队的主帅可能被夺去，但一个普通人的志气不可能被夺去。

【士不可以不弘毅，任重而道远】

　　出处：《论语·泰伯》

　　释义：读书人须有远大的抱负和坚强的意志，因为他对社会责任重大，要走的路很长。弘毅：抱负远大，意志坚强。对一个想要有所作为的人来说，远大的抱负、坚强的意志，是缺一不可的。

【大丈夫当雄飞，安能雌伏】

　　出处：南朝·宋·范晔《后汉书·赵典列传》

　　释义：大丈夫应当像雄鸟那样展翅高飞，怎么能像雌鸟那样伏在那里？雄飞：比喻奋发有为。雌伏：比喻退藏，不进取，无所作为。

【人患志之不立，亦何忧令名不彰邪】

　　出处：南朝宋·刘义庆《世说新语·自新》

　　释义：一个人只怕不能立定志向，又何必担忧美名得不到显

扬呢？令：美好。彰：显扬。

【蛟龙得云雨，终非池中物】

　　出处：晋·陈寿《三国志·吴书·周瑜传》

　　释义：蛟龙有飞腾上天的志向，它绝不是安身于小池浅水之中的动物。

【志行万里者，不中道而辍足】

　　出处：晋·陈寿《三国志·吴书·陆逊传》

　　释义：立志行万里路的人，是不会中途停止的。辍足：停止不前。

【安危不贰其志，险易不革其心】

　　出处：唐·魏徵《群书治要·昌言》

　　释义：安与危都不改变自己的志向和操守。贰其志：背叛自己的初衷。革：改变。

【自安于弱，而终于弱矣；自安于遇，而终于愚矣】

　　出处：宋·吕祖谦《东莱博议·葵邱之会》

　　释义：自己甘愿贫弱，最终还是很贫弱；自己安于愚昧现状，最终就会愚昧。

【人若有气魄，方做得事成】

　　出处：宋·朱熹《朱子全书·孟子》

　　释义：人若有志气和度量，什么事都能做成。

【丈夫志，当景盛，耻疎闲】

　　出处：宋·苏舜钦《水调歌头》

　　释义：大丈夫的志向应当奋发有为，以无所事事为耻。

【志不可一日坠，心不可一日放】

　　出处：清·王豫《蕉窗日记》

　　释义：意志一天也不能消沉，心思一天也不能放纵。

【人之进退，唯问其志】

　　出处：北宋·李昉、李穆、徐铉等《太平御览·子部》

　　释义：是出来做官还是隐退，都要问是否符合自己的志向。

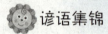 谚语集锦

【人有志，竹有节】

释义：人有志气，竹子有节。志气即是节气。志：志向，志气。节：竹子各段之间相连突出的部位，以竹节比喻气节。

【不怕人家看不起，只怕自家勿争气】

释义：不怕别人小看自己，只怕自己没有志气。意为有志之人不在乎一时一事的评价。看不起：小看，得不到承认。自家：自己。勿争气：没有志气。

【有心大海捞针，无心小事难成】

释义：有心人可以从大海中捞针，无心的人连小事都做不成。有心：有心人，有某种志向、肯动脑筋的人。大海捞针：大海里捞针，比喻做成极不易做到的事。无心：没有志向、不动脑筋的人。

【长他人志气，灭自己威风】

释义：抬高对方，助长对方的声势，而低估自己的实力。形容人缺乏斗志。

【驽马恋栈豆】

释义：劣马惦记着的只是马棚里的饲料。比喻无能的人贪图安逸，无远大志向。

【虎瘦雄心在，人贫志气存】

释义：老虎虽然瘦，但它仍有威武不屈的雄心；一个人虽然贫穷，但他的志气却没有丧失。

【烈士暮年，壮心不已】

释义：英雄到了晚年，壮志雄心并不衰减。烈士：志向远大的英雄。已：停止，衰减。

【船大不怕浪高，志大不怕艰险】

释义：船大不怕海浪高，志向高远不畏艰难险阻。

【天下无不可为之事，只怕立志不坚】

　　释义：天下没有不能做成功的事，只怕志向不够坚定。

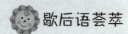 歇后语荟萃

【布袋里装钉子——个个想出头】

　　释义：比喻人人想出人头地，此乃人之常情。

【你做生意我教书——人各有志】

　　释义：你做生意我教书，各人都有不同的志向。

【老虎赶牛群——志在必得】

　　释义：老虎追赶牛群，追不到就不罢休。比喻人立志后努力实现自己的志向。

【笼里的小鸟——关不住】

　　释义：笼里的鸟想往外跑，关也关不住。形容人一旦有了远大的志向，就不怕艰难险阻。

【武松看鸭子——英雄无用武之地】

　　释义：形容人空有抱负、有才能，但却无地施展。

【老和尚撞钟——过一日是一日】

　　释义：比喻人胸无大志，得过且过。

第二章 自强不息做人杰

有时候，要看一个人的成就大小或未来是否成功，不能只从这个人年幼时的成绩或表现来看。很多扬名立万的人可能以前都不是最聪明的或是成绩最优秀的，但是他们肯努力，积极向上，奋发图强，最终取得了成功，因为自强不息才是成功的关键因素。

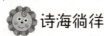 诗海徜徉

【良时正可用，行矣莫徒然】

出处：唐·高适《送韩九》

释义：正是施展自己才能的好机会，定要努力奋行，不要辜负大好时光。

【智士日千虑，愚夫唯四愁】

出处：唐·孟郊《孟东野诗集·百忧》

释义：聪明的人常常思考应当如何奋发有为，而愚蠢的人只是常常愁闷叹气，毫无作为。

【天生我材必有用，千金散尽还复来】

出处：唐·李白《将进酒》

释义：上天既然生下我，我就必然是有用处的，千金花完了也可以再赚回来。必：一定，必定。尽：完了。复：再。

【长风破浪会有时，直挂云帆济沧海】

出处：唐·李白《行路难》

释义：一定会有乘着大风破浪前进的时候，到那时高挂着风帆渡过大海（去实现自己的理想）。

【千淘万漉虽辛苦，吹尽狂沙始到金】

出处：唐·刘禹锡《浪淘沙》

释义：经过千万次的冲洗、过滤等辛苦劳动，直到将沙除尽，才能得到纯净的黄金。比喻明辨是非是一个十分艰苦的过程，但只有这样，才能得出真知灼见。

【不须浪饮丁都护，世上英雄本无主】

出处：唐·李贺《浩歌》

释义：不要在哀伤的乐曲中痛饮不已，这世上本来就没有限定谁是英雄。

【流年莫虚掷，华发不相容】

出处：唐·方干《送从兄郜》

释义：时间不要随意荒废，花白的头发总是不合时宜地出现。说明人是很容易老的，还是抓紧时间，做一个奋发有为的人吧。流年：光阴。华发：花白的头发。

【策马前途须努力，莫学龙钟虚叹息】

出处：唐·李涉《岳阳别张祜》

释义：还是快马加鞭奋力前进吧，不要像失意潦倒的人那样长吁短叹。比喻年轻时应为日后而努力，不要等老了，后悔也来不及。

【眼前多少难甘事，自古男儿当自强】

出处：唐·李咸用《送人》

释义：尽管目前的处境很不好，但有志的人自古以来就是自强不息，不为逆境所屈服。

【千磨万击还坚韧，任尔东西南北风】

出处：清·郑燮《竹石》

释义：竹子经过大自然的千磨万击，反而更加坚韧，任凭来自何方的狂风怎样摧残，它仍然屹立挺拔。

【作气须先鼓，争雄必上游】

出处：清·顾炎武《上吴侍郎旸》

释义：振作勇气需要靠自我鼓舞，力争上游就能达到目的。

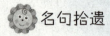

名句拾遗

【终日乾乾，与时偕行】

出处：《周易·乾·文言》

释义：一天到晚谨慎做事，自强不息，和日月一起运转，永不停止。

【天行健，君子以自强不息】

出处：《周易·乾·象》

释义：天体的运行强健有力，君子应该以它为榜样，自觉地努力向上，永不停息。行：运行，运转。健：强壮有力。

【天难谌，命靡常】

出处：《尚书·咸有一德》

释义：上天是难以相信的，命运是不确定的。说明人生还是要靠自己奋斗。

【天将降大任于斯人也，必先苦其心志，劳其筋骨，饿其体肤，空乏其身，行拂乱其所为，所以动心忍性，曾益其所不能】

出处：《孟子·告子下》

释义：上天欲将重任降于某人，一定要先让他苦苦思索，肌体劳累，肚腹饥饿，贫穷困难，无路可走，行为常常发生错乱，这样才能使他心里震动，信念更加坚定，不断增长才干。

【自恃，无恃人】

出处：战国·韩非《韩非子·外诸说右下》

释义：靠自己，不要靠别人。恃（shì）：依赖。

【路曼曼其修远兮，吾将上下而求索】

出处：战国·屈原《离骚》

释义：在追寻真理、真知方面，前方的道路还很漫长，但我将百折不挠、不遗余力地去追求和探索。

【锲而舍之，朽木不折；锲而不舍，金石可镂】

出处：战国·荀子《劝学》

释义：（如果）刻几下就停下来了，（那么）腐烂的木头也刻不断。（如果）不停地刻下去，（那么）金石也能雕刻成功。这告诉我们做人的关键在于要有恒心，目标专一，持之以恒地做下去。

【自古雄才多磨难，纨绔子弟少伟男】

出处：当代·王宝池《七律·劝学》

释义：自古以来凡是成大事的英雄豪杰都是经历过很多磨难的，而那些富贵人家的子弟很少有人能成就大事的。

【古之立大事者，不惟有超世之才，亦必有坚韧不拔之志】

出处：宋·苏轼《晁错论》

释义：自古以来能建功立业做大事的人，不仅仅有超脱俗世的才能，也一定会有坚忍不拔的意志。

【前程万里，全要各人自去努力】

出处：元·石德玉《曲江池》

释义：要想前途远大，完全要靠每个人自己努力去争取。

【从来好事天生俭，自古瓜儿苦后甜】

出处：元·白朴《喜春来·题情》

释义：从来天生的好事很少，自古以来瓜儿都是先苦后甜。说明任何理想的实现，都要经过波折和努力。

【天上若无难走路，世间哪个不成仙】

出处：清·袁枚《随园诗话补遗》

释义：如果上天是轻而易举的，那么世间所有的人就都变成神仙了。比喻写诗或做任何事情，都要历尽艰难困苦，才能攀登高峰。

【凡事皆有极困难之时，打得通的便是好汉】

出处：清·曾国藩《曾文正公家书》

释义：做任何事情都有最困难的时候，能够挺得过去并且最终战胜困难的人，就是好汉。

【下手处是自强不息，成就处是至诚无息】

出处：清·金缨《格言联璧·学问》

释义：下手做事就是要靠自强而且不停息的努力，获得成就要靠极为诚心诚意而不松懈的奋斗。

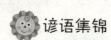 谚语集锦

【凡人贵自立】

释义：一个人应看重的是自己努力奋斗。

【人无刚强，安身不牢】

释义：人如果没有刚强性格，就难以在社会上立身。

【人往高处走，水往低处流】

释义：比喻人要有进取心。

【皇天不负苦心人】

释义：老天爷不会亏待为某事付出辛苦劳动或代价的人。

【不怕少年苦，只怕老来穷】

释义：年少时苦一点是没有关系的，因为身体还能支撑，到老了就不行了，那时候已经失去了工作能力。所以，人要在年轻的时候努力奋斗。

【不与寒霜斗，哪来春满园】

释义：不与寒霜做斗争，哪来现在的满园春色。比喻胜利的果实需要靠奋斗得来，为达到一定目的要努力奋斗。

【佳期难得，好事多磨】

释义：美好时光难以得到，事业成功要经过很多磨难。

【成人不自在，自在不成人】

释义：人要有所成就，必须刻苦努力，不可以放任自流。

【吃得苦中苦，方成人上人】

释义：能够经受住特别苦难的磨炼，才能成为杰出的人才。

【将相本无种，男儿当自强】

释义：英雄豪杰不是天生的，男子汉应当发奋图强。

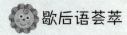 歇后语荟萃

【矮子上楼梯——步步高】

释义：比喻只要努力，坚持向上，哪怕再"矮"，都能一步一步变得高大。

【顶水划船——力争上游】

释义：逆水划船，只有用尽全力才能使船不断向前。比喻努力奋斗，争取前进、再前进。

【长线放远风筝——下过大功夫】

释义：指为实现某个目标付出过艰苦的努力。

【拔节的竹笋——天天向上】

释义：比喻有出息、有发展前途。

【八十老翁学手艺——老来发愤】

释义：比喻人老心不老，只要有心，随时都可以振作起来。

【断线的风筝——远走高飞】

释义：风筝断了线，就像野兽远远地跑掉，像鸟儿远远地飞走。比喻人跑到很远的地方去。多指奋发图强，摆脱困境。

【卒子过河——有进无退】

释义：象棋里，"卒子"一旦"过河"，就只能前进，没有后退。形容奋发图强的人不给自己留退路。

第三章　无所畏惧向前冲

无所畏惧的精神正是青年人的优势。青年人阅世不深，顾虑较少，做事不怕失败、敢闯敢试，意志坚定，任何挫折都不能使之动摇。正因为他们敢于面对困难，积极应对挑战，因此常常有勇敢之举。

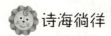 诗海徜徉

【但看洗雪出圜扉，始信白圭无玷缺】

出处：唐·程长文《狱中书情上使君》

释义：只要看看经过雪洗后的白圭仍然洁净透亮，这才相信白圭没有被灰尘玷污。比喻高尚的人不畏恶劣环境的影响。

【好事尽从难处得，少年无问易中轻】

出处：唐·李咸用《送谭孝廉赴举》

释义：好事都是从艰难处得来的，所以年轻人不要倾向于那些轻而易举得来的东西。鼓励人们要敢于向困难挑战。

【进则万景昼，退则群物阴】

出处：唐·孟郊《崔从事郧以直隳职》

释义：能努力进取则一切美景像白昼那样光明，知难而退则一切事物都像阴天似的昏暗。

【君有丈夫泪，泣人不泣身】

出处：唐·孟郊《答姚付见寄》

释义：志士的眼泪是专门为那些不幸的人而流，而对自己本身的遭遇是无所谓的。

【山深更须入，闻有早梅村】

出处：宋·杨万里《明发石山》

释义：要领略山里的美景，就应不畏艰险敢于攀登，亲自进入到它的深处。现用来比喻无论工作或学习，都要不辞艰险，勇于探索。

【遇险即欲避，安得皆通达】

出处：《元遗山诗集·临汾李氏任运堂二首》

释义：如果一遇到困难就唯恐避之不及，世上还有哪条路可以走得通呢？说明人生在世，所走的道路必然艰险曲折，鼓励人们要具备迎接困难的勇气。

【凌霜竹箭傲雪梅，直与天地争春回】

出处：清·魏源《行路难》

释义：竹子在大雪中还像箭一样笔直挺立，不被雪所压弯；而梅在花雪中则朵朵盛开。它们好像在与天地对抗，争取把春天夺回来。比喻高尚的人不畏艰难困苦，用自己的青春热血给人们争得光明。

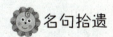 名句拾遗

【知耻近乎勇】

出处：《礼记·中庸》

释义：知道羞耻，就接近于勇敢了。

【见义不为，无勇也】

出处：《论语·为政》

释义：看到符合正义的事情而不去做，这是没有勇气的表现。

【风萧萧兮易水寒，壮士一去兮不复还】

出处：西汉·司马迁《史记·刺客列传》

释义：狂风怒号，易水寒冷，勇敢的男子汉一踏上征途就再也不回头。

【一人投命，足惧千夫】

出处：战国·吴起《吴子·励士》

释义：一个人敢于拼命，足可以使千人感到恐惧。

【两鼠斗于穴中，将勇者胜】

　　出处：西汉·司马迁《史记·廉颇蔺相如列传》

　　释义：两只老鼠在洞中争斗，哪一个更勇敢些，哪一个就能获胜。

【义不反顾，计不旋踵】

　　出处：汉·司马相如《喻巴蜀檄》

　　释义：计议一旦决定实施就要勇往直前，不容徘徊退缩。

【有非常之功，必待非常之人】

　　出处：汉·刘彻《求茂材异等诏》

　　释义：要建立非同一般的功业，必须靠英勇杰出的人才行。

【入之愈深，其进愈难，而其见愈奇】

　　出处：宋·王安石《游褒禅山记》

　　释义：进得越深，就越难前进，而看见的景象越奇妙。比喻只要不畏艰难，就可以攀登佳境。

【泰山崩于前而色不变】

　　出处：宋·苏洵《心术》

　　释义：即使泰山倒塌在眼前也面不改色。

【凡事之所贵，必贵其难】

　　出处：清·舒梦兰《游山日记》

　　释义：凡做一件事情，可贵之处就在于不怕事情的艰难。

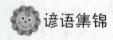 谚语集锦

【自古英雄出少年】

　　释义：自古以来，英雄常常在年轻人中涌现。

【撑死胆大的人，饿死胆小的鬼】

　　释义：鼓励人要勇敢进取。

【不担三分险，难练一身胆】

　　释义：不肯承担三分危险，就难以练就一身胆识。说明要想成大事，就应该不惧艰险。

【长个不长胆，力大也等闲】

释义：光长个头不长胆识，虽有一身力气也是浪费。说明做人要有不怕危险、困难的精神，以及敢作敢为、无所畏惧的魄力。

【明知山有虎，偏向虎山行】

释义：明明知道山上有老虎，却偏偏向山上前行。比喻遇到困难时要有战胜困难的勇气和坚忍不拔的意志。

【任凭风浪起，勇开顶风船】

释义：任凭狂风袭来、波涛汹涌，仍有勇气迎风驾驶船只。比喻有困难也要勇往直前，毫不退缩。

【一人拼命，万夫莫当】

释义：一个人有拼命般的勇敢，一万个人都抵挡不住。

【不思万丈深潭计，怎得骊龙额下珠】

释义：不想到万丈深渊里面去冒险，怎能获得黑龙额下的宝珠。泛指不经历艰险便得不到宝物。骊（lí）龙：传说中黑色的龙。

【一身都是胆】

释义：全身都是胆识。比喻胆大勇敢的人。

【一等二靠三落空，一想二做三成功】

释义：任何事情只等、靠别人，最后必然落空，而敢想敢做，最终才会成功。

【没有爬不过的高山，没有闯不过的险滩】

释义：比喻只要有勇气，就会克服一切困难。

【勇敢不在臂上，而在智慧上】

释义：勇敢不在手臂上，而在脑袋里。说明只凭力气的勇敢是匹夫之勇，而经过深思熟虑后的勇敢才是真正的勇敢。

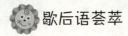 歇后语荟萃

【吃了秤砣——铁了心】

释义：形容人下定了决心。铁：既指钢铁，又比喻坚定、坚决的意志。

【开水煮白玉——不变色】

释义：比喻有胆量，或很有骨气。

【油条泡汤——浑身软】

释义：油条泡在汤里，吸收水分，就变软了。比喻因害怕而浑身瘫软无力。

【老虎拉车——没人敢（赶）】

释义：老虎拉车，谁敢在后面使唤它。比喻没人有那么大胆子。

【鼓楼上的麻雀——吓大了胆的】

释义：比喻经受了磨炼后，变得勇敢了。

【强盗走了才敢站前——假充勇敢】

释义：强盗走了才敢站出来说强盗的不是，比喻假装积极，冒充英勇。

【徒手打老虎——有勇无谋】

释义：空手打老虎，只有勇气，没有计谋。指做事或打仗只是猛打猛冲，缺乏计划，不讲策略。

【扶着桥栏杆过河——生怕掉下去】

释义：比喻胆小怕事。

【女儿国招婿——八戒自告奋勇】

释义：意思是主动要求承担某项艰巨的任务。告：称说，表示。

【刚出山的老虎——有股猛劲】

释义：刚出山的老虎，有很强的勇猛之力。比喻人在少年时，无所畏惧。

第四章　成败得失皆学问

　　失败并不可怕，因为失败会使你离成功越来越近。在失败中，我们知道了成功需要拥有个人主见，拥有稳定的心态，拥有团结合作的意识……有时，失败是成功必不可少的因素。

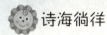 诗海徜徉

【筑室于道谋，是用不溃于成】

　　出处：《诗经·小雅·小旻》

　　释义：在大路旁盖房子，总是征求行人的意见，行人的意见多有不同，所以房子是盖不成的。比喻七嘴八舌，无助于拿定主意，或盲目听从别人的意见，结果难以成功。是用：所以。溃：遂。

【胜败兵家事不期，包羞忍辱是男儿】

　　出处：唐·杜牧《题乌江亭》

　　释义：战争的胜败是很难预料的，能够经受住失败、挫折等羞辱的考验才是真正的大丈夫。事不期：胜败的事，不能预料。

【不经一番寒彻骨，怎得梅花扑鼻香】

　　出处：唐·黄蘗（niè）禅师《上堂开示颂》

　　释义：不经过一番寒冷彻骨的考验，怎么会有梅花那扑鼻的芳香。说明有了失败，我们才能吸取教训，获得积累，一步步走向成功。

【但教方寸无诸恶，狼虎丛中也立身】

　　出处：五代·冯道《偶作》

　　释义：只要心里不沾染任何罪恶，就是身处虎狼之中，也会保持正义之身。

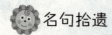 名句拾遗

【慎终如始，则无败事】

出处：春秋·老子《道德经》

释义：一个人始终保持谨慎，就能立于不败之地。

【事者，生于虑，成于务，失于傲】

出处：《管子·乘马》

释义：事情总是产生于谋虑，成功于努力，失败于骄傲轻心。

【前事不忘，后事之师】

出处：《战国策·赵策一》

释义：记住以前的经验教训，可以作为以后行事的借鉴。

【众怒难犯，专欲难成】

出处：春秋·鲁·左丘明《左传·襄公十年》

释义：众人的愤怒不可触犯，一意孤行很难成功。说明团结的重要性。

【战胜而将骄卒惰者败】

出处：西汉·司马迁《史记·项羽本纪》

释义：打了胜仗之后，将领骄傲，士兵懒惰的，就会在以后的战争中失败。

【一屋不扫，何以扫天下】

出处：南朝·宋·范晔《后汉书·陈蕃传》

释义：放着小事不去做，又怎能实现远大的理想呢？

【欲思其成，必虑其败】

出处：三国·蜀·诸葛亮《便宜十六策》

释义：要想考虑某件事情的成功，必须先考虑它的失败。说明即使失败也有对策，将自己的损失降到最低。

【立志欲坚不欲锐，成功在久不在速】

出处：宋·张孝祥《论治体札子》

释义：确立志向要坚定，而不是心血来潮；事业的成功要持

之以恒，而不是急于求成。

【凡百事之成也必在敬之，其败也必在慢之】

　　出处：宋·司马光《资治通鉴》

　　释义：大凡一切事情的成功，必定在于严肃对待它；如果造成失败，一定是因为轻视了它。

【何须论得丧，才子词人，自是白衣卿相】

　　出处：宋·柳永《鹤冲天·黄金榜上》

　　意为：何必太过于计较人生的成败得失呢？做个才子词人，也等于是个民间的公卿宰相。说明人总会在某一方面获得成功，不必在意眼前的得失。

【失意之事，恒生于其所得意】

　　出处：明·刘基《郁离子·虞孚》

　　释义：不顺心遂意的事，常常起因于扬扬自得中的粗心大意。

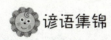 谚语集锦

【咬着石头才知道牙疼】

　　释义：比喻遭受挫折后才知道做错了。

【成名每在穷苦日，败事多因得志时】

　　释义：成名全靠在穷苦的岁月里的发奋磨砺，而失败则大多是处于志得意满而松懈的时候。

【一事差，百事错】

　　释义：一个环节处理不当，导致全盘失败。

【谋事在人，成事在天】

　　释义：谋划事情在于人的主观努力，至于事情能否成功，由客观条件等因素决定。

【留得青山在，不怕没柴烧】

　　释义：比喻只要基础或根本还存在，暂时遭受损失或挫折无伤大体。

【巧妇难为无米之炊】

释义：即使是再聪明能干的妇女，没米也做不出饭来。比喻做事缺少必要条件，很难做成。

【死马当活马医】

释义：比喻明知事情已经无可求药，仍然抱有一丝希望，积极挽救。也泛指做最后的尝试。

【败军之将，不敢言勇】

释义：战败的将军，不好谈论勇敢的事。比喻在某方面失败过，没脸面再谈论这方面的事了。

【白玉不自知洁，幽兰不自知香】

释义：白玉不能知道自己是那样洁白，兰花不能知道自己是那样清香。比喻不知道自己具有某方面长处。

 **歇后语荟萃**

【前怕狼后怕虎——进退两难】

释义：前怕野狼，后怕老虎，前进和后退都很为难。比喻处境困难。

【砍倒的樟树——死不甘（干）心】

释义：樟树砍倒之后，树心仍不干。比喻不甘心失败，不达目的决不罢休的态度。

【孔夫子搬家——尽是书（输）】

释义：孔夫子的书多，搬家时全是书。这里书和输同音，指总是输，没有赢的时候。

【斗败的鸡——上不了阵势】

释义：在斗鸡比赛中，失败的公鸡没有气势。比喻因失败而丧失斗志的人。

【跑了羊修圈——防备后来】

释义：丢了羊赶快修补羊圈，防备再发生同样的事。比喻在事情失败之后，想办法去补救。

【蛤蟆剥皮——心不死】

释义：蛤蟆剥皮后，心脏还在跳动。形容已经被打垮，但企图报复或卷土重来之心仍不死。也指不甘心以往的失败，积极创造条件准备再重新开始。

【冷水浇头——凉了半截】

释义：形容遇到挫折，原先的热情突然减退了一半。凉：既指温度低，又指灰心失望。

【关公走麦城———蹶不振】

释义：比喻遭受一次挫折以后就再也振作不起来。蹶：栽跟头。振：振作。

【孙猴子回花果山———个跟头栽到了家】

释义：形容失败得极其惨重，或倒霉到了极点。花果山：《西游记》中的人物孙悟空最初生活的地方。栽跟头：既指向下翻跟头，又指失败或出丑。到家：既指回到家园，又指达到极点。

【鸭子死了——嘴硬】

释义：鸭子嘴扁而坚硬，即使死了，嘴还是硬的。比喻人即使失败，嘴上也不肯服输。

第五章　竞争合作成大事

　　很多人把竞争关系简单定义为敌对关系，如此，竞争就变成了你死我活的搏斗。其实，正是因为竞争对手的存在，我们才能不断发奋图强，才能不断地充实自我。从这个意义上讲，我们和竞争对手在同一条船上，双方既是竞争关系，又是合作共存关系。

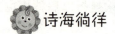 诗海徜徉

【庶民攻之，不日成之】

　　出处：《诗经·大雅·灵台》

　　释义：民众都来从事某项工作，就能很快取得成功。

【岂曰无衣？与子同袍】

　　出处：《诗经·国风·秦风》

　　释义：谁说没有衣服穿？你我共同披战袍。比喻团结一致，共同奋战。袍：长衣。行军者日以当衣，夜以当被。就是今之披风，或名斗篷。"同袍"是友爱之词。

【有时逢敌手，对局到深更】

　　出处：唐·杜荀鹤《观棋》

　　释义：有时碰到对手，与其下棋到深夜。

【独柯不成树，独树不成林】

　　出处：宋·郭茂倩《乐府诗集·紫骝马歌》

　　释义：一个树枝成不了树木，一棵树成不了森林。柯（kē）：草木的枝茎。

【今古惟称知己少，驱山塞海事无难】

　　出处：明·俞大猷《赠陶指挥》

　　释义：古往今来，虽然知音难遇，但有几个志同道合的朋友齐心协力，连驱山塞海的事也不难做到了。

【万人一心兮泰山可撼，惟忠与义兮气冲斗牛】

出处：明·戚继光《凯歌》

释义：万众团结一心可以震撼泰山，只有冲天的忠诚正义之气才能斗得过凶猛的公牛。

名句拾遗

【可与共学，未可与适道；可与适道，未可与立；可与立，未可与权】

出处：《论语·子罕》

释义：可以共同学习的人，未必能有共同追求；可以共同追求的人，未必可以共同坚持到最后；可以共同坚持到最后的，未必能在应该调整时做出同样的调整。

【君子和而不同，小人同而不和】

出处：《论语·子路》

释义：君子讲究协调而保持自己独立的见解，小人没有自己独立的见解也不讲究协调。说明能够保持独立见解的合作是更加有力量的合作。

【内得爱焉，所以守也】

出处：《司马法》

释义：一个国家内部友爱团结，国家的守备就能坚固。

【辅车相依，唇亡齿寒】

出处：春秋·鲁·左丘明《左传·僖公五年》

释义：面颊和牙床相互依存，嘴唇没有了牙齿会受寒。比喻相互依存，一荣俱荣，一损俱损。

【两虎相斗，其势不惧生】

出处：西汉·司马迁《史记·廉颇蔺相如列传》

释义：两只老虎相争斗，则必定有一方受到伤害。势：情势。不惧生：不共存。

【人欲心辩，不欲口辩。心辩则言丑而不违，口辩则辞好而无成】

出处：汉·王充《论衡·定贤》

释义：人们应该用心志去竞争，而不是用言语去竞争。用心志竞争，纵然不善言辞也不脱离主题，用言语竞争，纵然说得天花乱坠也无济于事。

【 同心合意，庶几有成 】

出处：东汉·班固《汉书·匡衡传》

释义：齐心协力，事情就能成功。

【 独思，则滞而不通；独为，则困而不就 】

出处：三国·魏·徐干《中论·自学》

释义：一个人独自思考问题，往往会受到局限和闭塞；一个人独自做事，往往会碰到许多困难而达不到目的。

【 单者易折，众则难摧 】

出处：李大师、李延寿唐·《北史·吐谷浑传》

释义：势孤力单，容易受人欺负；人多气壮，别人不敢欺侮。

【 土相扶为墙，人相扶为王 】

出处：唐·李百药《北齐书·尉景传》

释义：泥土相互依靠就可以成墙，人相互帮助就可以称王。

【 众力并则万钧不足举也，群智用则庶绩不足康也 】

出处：晋·葛洪《抱朴子·务正》

释义：将众人的力量聚集在一起，即使万钧重的东西也不难举起；充分发挥大家的智慧，那么什么事情都可以做好。

【 江海不与坎井争其清，雷霆不与蛙蚓斗其声 】

出处：明·刘基《郁离子》

释义：长江和大海不会与废弃不用的水井去竞争谁更清澈，响雷不会与青蛙和蚯蚓比谁的声音更高。比喻只与高手过招。

【 和气致祥，乖气致戾 】

出处：清·文康《儿女英雄传》

释义：和睦带来吉祥，不和招致祸患。乖：不和谐。戾：罪。

【 牡丹虽好，终须绿叶扶持 】

出处：清·文康《儿女英雄传》

释义：牡丹虽然好看，也需要绿叶扶持。比喻人尽管才能出众，也要靠众人支持。

谚语集锦

【人心齐，泰山移】

释义：大家一条心，就能发挥出极大的力量。正所谓团结力量大。

【大路通天，各走一边】

释义：比喻各走各的路，互不干涉。

【不是东风压倒西风，就是西风压倒东风】

释义：比喻不是你制伏我，就是我制伏你。

【覆巢之下无完卵】

释义：倾翻的鸟窝下没有完好的鸟蛋。比喻整体覆灭，各部分、个体也就不复存在。

【一争两丑，一让两有】

释义：互相争夺，双方都出丑；互相谦让，双方都有得。

【单丝不成线，独木不成林】

释义：一根丝绞不成线，一棵树成不了森林。比喻个人力量单薄，难把事情办成。

【不怕虎生三只口，只怕人怀两样心】

释义：不怕老虎长三张口，只怕一个人怀有两个心眼。指不论敌人多厉害或困难有多大，这些都不可怕，怕的是人心不齐。

【柴多火焰高，人多声音大】

释义：柴火多烧起来火焰高，人多聚集起来的声音大。

【三个臭皮匠，赛过诸葛亮】

释义：比喻人多智慧多，有事情经过大家商量，就能商量出一个好办法来。

【三人一条心，黄土变成金】

释义：只要大家齐心协力，黄土也能变成金子。比喻团结力量大。三：表概数。

【一个人唱不了八仙过海】

释义：一个人演不了八仙过海的戏。比喻个人能力有限，需要众人合作共事，才能取得成功。

【八仙过海，各显其能】

释义：八仙过海时不用舟船，各有一套法术。八仙：道教传说中的八位神仙。比喻做事各有各的一套办法。也比喻各自拿出本领互相比赛。

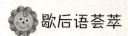 歇后语荟萃

【一个跳蚤撑不起一床被——独力难支】

释义：一只跳蚤依靠自己的力量很难撑起一床被。形容在进取的路上需要大家的通力合作，众人拾柴火焰高，发挥更多的智慧。

【麻雀开会——细商量】

释义：麻雀聚在一起会发出叽叽喳喳的声音，比喻互相商量才能把事情做好。

【一个船上的难友——同舟共济】

释义：在一条船上蒙难的人，团结互助。比喻同心协力，战胜困难。舟：船。济：渡，过河。坐一条船，共同渡河。

【一盘象棋下三天——棋逢对手】

释义：一盘棋下了三天三夜，碰上实力相当的人。比喻争斗的双方本领不相上下。逢：相遇。

【一个西瓜切九半——四分五裂】

释义：形容不完整，不集中，不团结，不统一。

【蛇吃鳗鱼——比长短】

释义：比喻双方较量彼此本事的大小。鳗（mán）鱼：是一种细长如蛇的鱼，皮肤多半是无鳞的，溜光黏滑的。

【天马行空——独来独往】

释义：天马奔腾神速，像是腾起在空中飞行一样，独自往来，不与人为伍。比喻事事不与人合作。天马：神马。

第三篇

好学让你知不足

第一章　端正态度做学问

俗话说，"强扭的瓜不甜"。一个人不愿学习，即使刀架在脖子上也做不出学问。相反，一个人喜爱学习，即使在简陋的环境中也能做出大学问。学习需要一种态度，一种发自内心的诚恳态度。

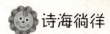 诗海徜徉

【樵童牧竖劳相问，岩穴从来出帝师】

出处：唐·李咸用《题陈处士出居》

释义：碰见樵夫和牧童，也应该向他们请教，帝王的老师从来就出生在民间。说明讨教学问不必在乎对方的身份。

【一日不作诗，心源如废井】

出处：唐·贾岛《戏赠友人》

释义：一天不写诗，就觉得自己的心如同废弃的水井一样干枯。

【死辱片时痛，生辱长年羞】

出处：唐·孟郊《夜感自遣》

释义：死，只不过是片刻的痛苦，而活着不学习，不能做出一番事业的耻辱却是终生的羞愧。

【黄金未是宝，学问胜珠珍】

出处：唐·王梵志《全唐诗补逸》

释义：和学问比，黄金就不算宝了，珍珠也比不上。

【嗜书如嗜酒，知味乃笃好】

出处：宋·范成大《寄题王仲显读书楼》

释义：喜欢读书如同喜欢饮酒一样，领略到其中的滋味，就会真正地喜爱它。

【著述须待老，积勤宜少时】

出处：宋·欧阳修《获麟赠姚辟先辈》

释义：著书立传要等到老年时再着手进行，但从少年起就应努力学习，积累知识。

【自家慢诩便便腹，开卷方知未读书】

出处：清·张月楼《自忏》

释义：自己先别夸自己的大肚皮里装满了学问，去翻翻书，才知道自己并未读过几本书。说明读书能够使人变得谦虚。

【何妨粟有秕，惟箕簸之精】

出处：清·郑世元《感怀杂诗》

释义：粟中有秕，有什么要紧的呢？关键在于扬箕时能做到粗中求精。比喻应善于去其糟粕，取其精华。

【读书何所求? 将以通事理】

出处：清·张维屏《读书二首》

释义：读书所追求的是什么？目的是通达事理。

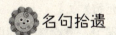

名句拾遗

【博学之，审问之，慎思之，明辨之，笃行之】

出处：《礼记·中庸》

释义：广泛地学习，仔细地探究，谨慎地思考，明确地辨别，最后要切实地去实行。

【不祈多积，多文以为富】

出处：《礼记·儒行》

释义：不祈求多积财富，以知识多为富有。

【好学近乎知】

出处：《礼记·中庸》

释义：喜欢学习的人，就离智者相距不远了。

【君子不器】

出处：《论语·为政》

释义：君子不要像一个器皿一样，只能派某一方面的用场，而应该博学才能广泛。

【敏而好学，不耻下问】

出处：《论语·公冶长》

释义：聪敏又勤学，不以向职位比自己低、学问比自己差的人求学为耻。

【知之为知之，不知为不知，是知也】

出处：《论语·为政》

释义：知道就是知道，不知道就是不知道，这样才是真正的智慧。知：通"智"。

【朝闻道，夕死可矣】

出处：《论语·里仁》

释义：早上得知真理，即使晚上死了也值得。这句话说明了对真理的渴望。

【虚而往，实而归】

出处：《庄子·德充符》

释义：虚心地前往学习，就会满载而归。

【惟学逊志，务时敏，厥修乃来】

出处：《尚书·说命下》

释义：学习要顺着自己的志向，敏于求知，就会取得成功。

【一目之罗，不可以得鸟】

出处：汉·刘安等《淮南子·说林训》

释义：一个网眼的罗网是捕不到鸟的。比喻对贤人无礼，就得不到贤者的支持，个人再能干也将一事无成。这句话也可以用在学习、考试方面，如果不多学点东西，只想抓几道题目碰运气，是不会有好成绩的。目：网眼。罗：网。

【荆山之璞虽美，不琢不成其宝】

出处：唐·房玄龄等《晋书·景帝纪》

释义：坚硬的刀剑要经过磨砺才锋利，玉石要雕琢方能成器

物。比喻人不学习就不能成才。

【读书学问，本欲开心明目，利于引耳】

　　出处：北齐·颜之推《颜氏家训》

　　释义：读书学习，根本目的在于开通心窍耳目，利于处世行事。

【时无远近，事无巨细，以成博识】

　　出处：唐·刘知几《史通·杂说中》

　　释义：时间不分远近，事情不分大小，都要通晓，以便成为学识渊博的人。

【学以为耕，文以为获】

　　出处：唐·韩愈《祭故陕府李司马文》

　　释义：以读书作为耕种，用文章作为收获。这一句道出了治学的要义。

【为学务日益，此言当自程；为道贵日损，此理在戒盈】

　　出处：宋·苏轼《张寺丞益斋》

　　释义：学习应当每日追求进步，应当把这话当作奉行的计划；而在研究道理时，贵在每日觉得自己做得还很不够，这个道理适用于感到满足自大的时候。

【人之为学，不日进则日退】

　　出处：清·顾炎武《与友人书》

　　释义：在学习上，如果每日没有进步就是退步了。

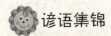 谚语集锦

【世上万般皆下品，思量唯有读书高】

　　释义：世界上一切都是次要的，只有读书最重要、最高尚。

【非因报应方行善，岂为功名始读书】

　　释义：并非因为报应才做善事，也并非因为升官发财而读书。报应：佛教用语，指种善因得善果。功名：科举称号或官职名位。

【为学大病在好名】

　　释义：钻研学问的人最忌讳的是追求虚名。

【刀不磨要生锈，人不学要落后】

　　释义：刀不经常磨就会生锈，人不坚持学习就会落后。说明人要不停地学习，才能取得进步。

【活到老，学到老】

　　释义：世上自己不会的事还有很多，即使学到老也学不完。

【只知其然，而不知其所以然】

　　释义：只知道是这样，而不知道为什么会这样。然：这样，如此。

【学贵专门，识须坚定】

　　释义：学习要讲究专一，见识必须要正确而坚定。

【边学边问，才有学问】

　　释义：学问学问，就是要边学边问。学习中发现有问题，如果不向他人请教，永远都得不到正确的答案。

【坐集千古之智】

　　释义：要广泛收集古代久远的智慧（指著作）。

【人一日无米则饥，一日无字则瞽】

　　释义：人一天不吃就要饥饿；一天不读书就要变成盲人。瞽（gǔ）：瞎。

【三日打鱼，两日晒网】

　　释义：三天时间去打鱼，两天时间晾晒渔网。比喻对学习、工作没有恒心，经常中断，不能长期坚持。

【有田不耕仓廪虚，有书不读子孙愚】

　　释义：有田不耕，仓库就会空虚；有书不读，子孙就会变得愚笨。

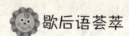 歇后语荟萃

【孙悟空坐金銮殿——毛手毛脚】

　　释义：比喻学习要认真，不要急躁。

【半路上出家——从头学起】

释义：成年后才出家做和尚或尼姑，一切从头开始学习。比喻中途改行，从事另一工作。也比喻学习应从最基本、最开始的地方学起。

【到了黄山想峨眉——这山望着那山高】

释义：登上了黄山就想登峨眉，（因为）爬上这一座山，便会觉得那一座山更高。比喻对自己目前的学习不满意，老认为别人的成绩优秀。说明要正视自己的优点，肯定自己的学习成绩。

【打破砂锅——问（璺）到底】

释义：砂锅用陶土和沙烧成，一打破就从上裂到底。指追问问题也一定要一问到底，搞清真相。璺（wèn）：陶瓷、玻璃等器具上的裂痕。"璺"同"问"音同。

【见了骆驼说马肿背——少见多怪】

释义：原指见了骆驼不认得，以为是马肿了背。指人见识少，遇到平常事也感到奇怪。常用于讥讽一些但凡见到自己未见过的事就大惊小怪的人。

【嫩牛拖耕犁——不打不跑】

释义：初生的牛犊拉犁耕地，抽赶着才向前走。比喻没有人督促着就不前进。说明学习要自觉。

【铁匠的儿子——就知道打】

释义：铁匠的儿子就懂得打铁。比喻只知道打架（不懂得学习）。

【洗脸盆里游泳——水平太低】

释义：比喻学习、工作能力太差。

【南郭先生吹竽——不会装会】

释义：说明学习要实事求是，知道就是知道，不知道也不必装作知道。

第二章　一分耕耘一分收获

许多人都抱着这样一种想法：我为什么要勤奋学习？自己本身没有这种天赋，就算付出再多也不会取得别人那样辉煌的成绩。然而，事实却证明：一个人勤奋便会做成大事。因为勤奋的人不会懈怠，通过孜孜不倦地学习，每天学一点，日子久了积累的知识也多了，正应了"水滴石穿，绳锯木断"的道理。

 诗海徜徉

【日就月将，学有缉熙于光明】

出处：《诗经·周颂·敬之》

释义：日日有所收获，月月有所进步，这样不断学习，就能到达无比光明的境界。

【读书破万卷，下笔如有神】

出处：唐·杜甫《奉赠韦左丞丈二十二韵》

释义：若想思如泉涌，下笔万言，必须要读很多的书。如果读了很多的书，那写文章的时候就有如神助。

【少年辛苦终身事，莫向光阴惰寸功】

出处：唐·杜荀鹤《题弟侄书堂》

释义：少年时多受点苦，这是关系到一辈子的事，千万不要为了安逸而虚掷一寸光阴。

【清扬似玉须勤学，富贵由人不在天】

出处：唐·刘商《送刘南史往杭州拜觐别驾叔》

释义：要想自己变得像玉石那样洁白美丽，就要刻苦学习。富贵由人创造而非上天决定。

【刺股情方励，偷光思益深】

出处：唐·孟简《惜分阴》

释义：（苏秦）刺股解困的精神可以磨砺人的意志，（匡衡）凿壁偷光的学习态度更能加深人的思考。

【业广因功苦，拳拳志士心】

出处：唐·孟简《惜分阴》

释义：能取得渊博的学问，都是用心苦读的结果，有志之士对追求功业始终怀着恳切的心情。

【人生要当学，安宴不彻警】

出处：宋·黄庭坚《送李德素归舒城》

释义：人在任何时候都应努力学习，即使在赴宴之中，也不放松警惕。说明要想有深刻的思想，必须要坚持长期的苦学。

【读书之乐何处寻？数点梅花天地心】

出处：宋·朱熹《四时读书乐》

释义：读书的乐趣到什么地方去找呢？就在那冰天雪地里绽开的几朵梅花上面。比喻读书要像蜡梅傲霜抗雪，不畏艰难，才会培养高尚品质。

【古人学问无遗力，少壮功夫老始成】

出处：宋·陆游《冬夜读书示子聿》

释义：古人治学是竭尽全力的，从少年时代就开始努力，到老了才有成果。

【勉之期不止，多获由力耘】

出处：宋·欧阳修《送唐生》

释义：希望你永远都不要松懈，丰硕的成果是由于努力耕耘而获得的。比喻人有所努力才能有所收获。期：期望。

【韦编屡绝铁砚穿，口诵手抄那计年】

出处：宋·陆游《剑南诗稿·寒夜读书》

释义：穿缀竹简的熟牛皮绳多次被磨断，铁铸的砚台被磨穿；口里诵读、手上抄写哪里计算时间？形容认真读书，持久不懈的学习精神。

【学海迷茫未有涯，何来捷径指褒斜】

出处：清·赵翼《上元后三日芷堂过访草堂》

释义：知识就像广阔的海洋一样无边无际，哪里有什么终南捷径呢？说明只有勤奋刻苦，才能学有所成。褒斜：山谷名，在陕西省终南山，这里指终南山。

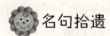 名句拾遗

【士而怀居，不足以为士矣】

出处：《论语·宪问》

释义：读书人贪恋安逸，就算不得读书人。

【骥一日千里，驽马十驾，则亦及之矣】

出处：《荀子·修身》

释义：良马一天行一千里，劣马十天也能赶上它。比喻愚钝的人只要肯下功夫，也能取得成就。驽马：劣马。十驾：马拉车一天叫一驾，十驾就是走十天的路程。

【人才虽高，不务学问，不能致圣】

出处：汉·刘向《说苑·说丛》

释义：有的人虽然天资很高，但如果不努力学习，最后也不能成才。

【辍者无功，耕怠者无获也】

出处：汉·桓宽《盐铁论·击之》

释义：做事中途停止就不会成功，种地偷懒的人就不会有收获。比喻学习应持之以恒，不能懈怠。

【学者，犹种树也，春玩其花，秋登其实】

出处：北齐·颜之推《颜氏家训·勉学》

释义：学习好比植树，春天里观赏它的花朵，秋天里能看见它硕果累累。

【业精于勤，荒于嬉；行成于思，毁于随】

出处：唐·韩愈《进学解》

释义：精通学业在于勤奋，学业的荒废由于玩乐；事业的成

功在于深思熟虑，事业的失败在于因循随便。

【焚膏油以继晷，恒兀兀以穷年】

出处：唐·韩愈《进学解》

释义：白天时间不足，到了晚上点燃灯火继续学习，一年到头不间断地辛勤用功。晷（guǐ）：这里指时间。

【炼有多少，则器有精细】

出处：宋·陈亮《龙川集·与朱元晦秘书》

释义：器皿的好坏，主要是看冶炼时间的长短、锻炼的程度如何。比喻学习成绩如何，关键要看花费了多少时间和精力。

【少不勤苦，老必艰辛】

出处：宋·林逋《省心录》

释义：少年时期不勤苦学习知识和本领，年老体衰时必然会备受艰辛。

【君子之学也，其可一日而息乎】

出处：宋·欧阳修《杂说》

释义：君子的学习，一天也不能停止。

【用心专者，不闻雷霆之震惊】

出处：宋·林逋《省心录》

释义：用心专一且进行学习的人，雷声也惊动不了。

【持勤补拙，与巧者侔】

出处：宋·黄庭坚《跛溪移文》

释义：靠勤奋可以弥补天赋的不足，通过勤奋努力，也可以和聪明灵巧的人相比。

【无早晚，但恐始勤终惰】

出处：宋·张孝祥《勉过子读书》

释义：开始学习不在早或晚，只是怕刚开始勤奋，后来就有了惰性。

【功夫自难处做去，学问从苦中得来】

出处：明·洪应明《菜根谭·修省》

释义：本领是从磨难中得来的，学问是靠刻苦得来的。

【旦旦而学之，久而不怠焉，迄乎成】

出处：清·彭端淑《为学一首示子侄》

释义：要天天坚持学习，永不怠惰，直到成功。旦旦：天天。迄乎成：直到成功。

【苦苦，不苦如何通今古】

出处：清·曹端《书户》

释义：要刻苦用功读书，不刻苦怎能通晓古今的学问呢？

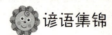 谚语集锦

【读书百遍，其义自见】

释义：书读的遍数多了，其中的意义自然会明白。

【聪明靠学习，天才靠积累】

释义：人的聪明不是天生的，而是不断勤奋学习积累的，有才能的人是靠努力积累得来的。

【学如牛毛，成如麟角】

释义：学习的人多如牛毛，而有成就的人却极少。努力奋斗是第一位的原因，要想学有所成，必须要刻苦努力。麟角：传说中动物麒麟的角，借喻宝贵、稀罕的物品或精神。

【幼而学，壮而行】

释义：年幼时努力学习，长大后就可以施展才干。

【学习不怕根底浅，只要迈步总不迟】

释义：学习不怕晚，只要努力就会有进步，就永远不会晚。

【书山有路勤为径，学海无涯苦作舟】

释义：学习贵在勤奋刻苦。

【读书造化，不读书告化】

释义：能刻苦用功读书的人，自有功夫；不肯读书，便没有根底。

【笨鸟先飞早入林】

　　释义：笨拙的鸟儿如果先飞动，就会比其他的鸟儿早飞进树林中。

【欲求真受用，须下死功夫】

　　释义：一个人想得到人生真正的好处，必须要狠下功夫学习、钻研。

【若要功夫深，铁杵磨成针】

　　释义：比喻只要有决心，肯下功夫，多么难的事也能做成功。

【三更灯火五更鸡】

　　释义：比喻勤奋刻苦，晚睡早起。

【一举首登龙虎榜，十年身到凤凰池】

　　释义：一下子考中出了名，但没有十年的努力是不可能接近皇帝的。

【读书须用意，一字值千金】

　　释义：读书只有下苦功夫，才会有文辞精妙的文章。

【师傅领进门，修行靠个人】

　　释义：为师的人只是把你领进知识的大门，更多更深的知识和道理还要靠你个人的勤劳和悟性去钻研。

【一日不书，百事荒芜】

　　释义：若是一天不读书，就什么事情都做不成了。

【冬寒抱冰，夏热握火】

　　释义：冬天寒冷却要抱冰，夏天炎热却要握火。形容刻苦自勉的学习态度。

【聪明在于学习，天才在于积累】

　　释义：说明勤学苦练才是学习的根本。

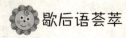 歇后语荟萃

【向上游撑船——逆水行舟】

　　释义：逆着水流的方向行船。比喻不努力就会后退。

【旱地里的泥鳅——钻得深】

释义：比喻学习需要深入钻研。

【铁打房梁磨绣针——功到自然成】

释义：说明世上无难事，只要功夫下到了，再难办的事情也能办成。

【龙头不拉马尾——用力不对路】

释义：比喻力气或功夫没用在点子上。说明用功学习也要找对方向，不可随便浪费精力。

【王羲之看鹅——专心致志】

释义：王羲之看鹅十分专注。形容做事、学习一心一意，聚精会神。致：尽，极。志：意志。

【王羲之写字——入木三分】

释义：王羲之写的字，笔力可渗入木头三分多。形容书法笔力强劲，也比喻见解、议论十分深刻、恰切。

故事漫谈

王羲之的字写得好，固然与他的天资有关系，但最重要的还是由于他的刻苦练习。他为了把字练好，无论休息还是走路，心里总是想着字体的结构，揣摩着字的架子和气势，而且不停地用手指头在衣襟上比画着。所以时间久了，连他身上的衣服也划破了。

当时的皇帝要到北郊去祭祀，让王羲之把祝词写在一块木板上，再派工人雕刻。雕刻的工人在雕刻时非常惊奇，王羲之写的字，笔力竟然渗入木头三分多。他赞叹地说："右军将军的字，真是入木三分呀！"

【吃了三天斋就想上西天——功底还浅】

释义：吃了三天素食就想上西天取经，本领太小。比喻踏实学习，依靠勤奋努力取得好成绩。

【老牛拉车——埋头苦干】

释义：老牛拉车时，只知道低头干活。比喻学习要埋头苦读。

第三章　时间宝贵勿虚度

　　很多人的口头禅是"等会儿再说"，事实上，事情可以"等"你不忙时去处理，朋友可以"等"你空闲时去聚会，知识可以"等"你休息后再去学……但是时间不等你，也无法等你。一旦你不追赶时间，就会被时间淘汰。

 诗海徜徉

【人生天地间，忽如远行客】

　　出处：《古诗十九首》

　　释义：人生一世，好像远行的客人，匆匆而过。

【少壮不努力，老大徒伤悲】

　　出处：《汉乐府·长歌行》

　　释义：人在年轻时不努力学习，年龄大了一事无成，那就只好空留悲伤、后悔。

【及时当勉励，岁月不待人】

　　出处：晋·陶渊明《杂诗》

　　释义：年纪正轻的时候，要勉励自己及时努力，否则，岁月一去不复返，它是不会停下来等人的。

【少壮轻年月，迟暮惜光辉】

　　出处：南朝梁·何逊《赠诸游旧》

　　释义：少壮不懂得时间的可贵，到老年才知道爱惜时间。

【黑发不知勤学早，白首方悔读书迟】

　　出处：唐·颜真卿《劝学》

　　释义：如果年轻时不知道要好好地勤奋学习和读书，等到年老白头的时候才知道要勤奋读书那就太迟了，后悔也来不及了。

【君不见黄河之水天上来，奔流到海不复回】

出处：唐·李白《将进酒》

释义：你难道没有看见，汹涌奔腾的黄河之水，有如从天上倾泻而来？它滚滚东去，奔向东海，永远不会回来。现在用来比喻已经过去的时光一去不再回来。

【君看白日驰，何异弦上箭】

出处：唐·李白《游子吟》

释义：请您看太阳匆忙奔跑，就像弦上射出的箭一样快。比喻时光易逝。

【年年岁岁花相似，岁岁年年人不同】

出处：唐·刘希夷《代悲白头翁》

释义：一年一年花的模样都相似，而一年一年人的容貌却变老了。

【时不与兮岁不留，一叶落兮天地秋】

出处：唐·李子卿《听秋声赋》

释义：时间不能再给你，岁月不会停留，浓荫中一叶刚刚落下，秋天马上就来了。

【春与人相乖，柳青头转白】

出处：唐·芩参《西蜀旅舍春叹》

释义：春天与人是违背的，春天能使柳树发青，却也能使人的头变白。比喻春催人老，应珍惜大好时光，奋发向上。乖：违背。

【男儿不再壮，百岁如风狂】

出处：唐·韩愈《昌黎先生集·此日足可惜赠张籍》

释义：青春一过就不会再来了，就是活到一百岁也像一阵狂风那样很快过去。所以，有志之士应当格外珍惜年华。

【昨日之日不可追，今日之日须臾期】

出处：唐·卢令《叹昨日》

释义：过去的时间不再回头，目前的时间很快就会过去。

须臾：一会儿。

【花开堪折直须折，莫待无花空折枝】

出处：唐·社秋娘《金缕衣》

释义：花开时正须折取，等到花谢只剩空枝时，要再想折取已来不及了。比喻少年时正应奋发有为，到了老年再回想少年还有什么用呢？

【少年易学老难成，一寸光阴不可轻】

出处：宋·朱熹《偶成诗》

释义：年轻时学习效果好，年纪大了学习就困难多了，所以要十分珍惜年少的时光。

【勿嗟旧岁别，行与新岁辞】

出处：宋·苏轼《别岁》

释义：不要去叹息已逝去的时光了，而要抓紧即将辞去的新的时光。嗟：叹息。行：行将。

【少年成老大，吾道付逶迤】

出处：元·文天祥《夜坐》

释义：少年很快就老了，而自己理想的实现却很遥远。逶迤：长远而曲折。

【春花不红不如草，少年不美不如老】

出处：清·袁枚《小仓山房诗文集·少年行》

释义：春天的花朵不红艳艳后，还不如小草；少年时不善于打扮，还不如老去。意思就是珍惜青春，要有所作为。不美：不善，不好。

名句拾遗

【时过然后学，则勤苦而难成】

出处：《礼记·学记》

释义：错过了学龄再去求学，就是很勤奋下苦功也难得到成功。

【逝者如斯夫，不舍昼夜】

　　出处：《论语·子罕》

　　释义：时间像流水一样奔流而去，白天黑夜地不停留。

【日月逝矣，岁不我与】

　　出处：《论语·阳货》

　　释义：时间迅速流逝，岁月是不等待人的。

【少而不学，长无能也】

　　出处：《荀子·法行》

　　释义：少壮时不好好学习，长大就没本事。

【月不胜日，时不胜月，岁不胜时】

　　出处：《荀子·强国》

　　释义：按月计算不如按日计算，按季计算不如按月计算，按年计算不如按季计算。意在劝诫人们要珍惜时间。

【时，难得而易失也】

　　出处：汉·刘安等《淮南子·说林训》

　　释义：光阴难于得到而容易失去。

【争寸阴而弃珠宝】

　　出处：《吴越春秋·勾践入臣外传》

　　释义：宁愿争得短暂的时间而舍弃贵重的珠宝。

【百金买骏马，千金买美人；万金买高爵，何处买青春】

　　出处：战国·屈原《佚题》

　　释义：百两黄金可以买骏马，千两可以买美人，万两可以买来官位，青春去哪里买呢？

【春色无情容易去】

　　出处：宋·欧阳修《玉楼春》

　　释义：春天是那么短暂，它很快就会过去的。比喻人的青春有限，应珍惜年华，努力向上。

【岁月已往者不可复，未来者不可期，见在者不可失】

出处：宋·林逋《省心录》

释义：已经过去的岁月不可能再回来了，尚未到来的日子不能一味等待，而现在的时光一定不能失去。说明不能沉溺于对过去的追悔和对未来的期待，而是要牢牢抓住当前。

【花到三春颜色消，月过十五光明少】

出处：元·王和卿《自叹》

释义：花朵过了春天颜色消退，月亮过了十五光辉稀少。比喻人过了青壮年之后，精力就要衰退。所以应当珍惜年华，努力奋斗。

【花有重开日，人无再少年】

出处：元·关汉卿《窦娥冤·楔子》

释义：花凋落还有再开之日，人老了青春不会再回来。这用来告诫人们在青少年时，要珍惜大好时光，努力学习，奋发向上。

【志士惜年，贤人惜日，圣人惜时】

出处：清·魏源《默觚·学篇三》

释义：志士珍惜一年的光景，贤人珍惜一日的光景，圣人则珍惜每时每刻。

谚语集锦

【枯木逢春犹再发，人无两度再少年】

释义：枯木到了春天会再次发芽的，但人老了不会再度还童，告诫我们须珍惜时光。

【光阴似箭，日月如梭】

释义：光阴快得像射出的箭，日月走得像织布机上的梭。指时间过得很快。

【光阴黄金难买，一世如驹过隙】

释义：黄金难买光阴，人生如世间过客。形容人生短暂，应万分珍惜。

【无钱方断酒，临老始看经】

释义：到没钱时才戒酒，到年纪老了才开始学习，已经太晚了。

【补漏趁天晴，读书趁年轻】

释义：修补漏洞的房子要赶在晴天，读书学习应利用自己年轻的时光。意为年轻正是学习的好时光。补漏，修补漏的房子。趁年轻，利用年轻的时光。

【少勿学，老上吊】

释义：少年不学习，老了就急得上吊。老上吊：比喻年老时因没有学识成为无用之人而急得上吊。

【现时勿学用时迟】

释义：现在不学习，等用的时候就来不及了。意为用而学，从现在开始。现时：现在，这时候。勿学：不学习。迟：指后悔晚了，再学来不及了。

【一寸光阴一寸金，寸金难买寸光阴】

释义：同样是一寸光阴和一寸金子，但是金子却买不到光阴。形容时间宝贵。

【懒汉可以撕掉日历，但不能留住时间】

释义：说明时间在流逝，不因人的意愿而停留。

【宁抢今天一秒，不等明天一分】

释义：宁可珍惜今天的一秒钟，也不期待明天的一分钟。

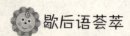 歇后语荟萃

【八月十五看龙灯——迟了大半年】

释义：正月十五元宵节，按照习俗要观灯赏月。农历八月十五是中秋节，这一天观灯，岂不是晚了七个月？所以说迟了大半年。比喻不珍惜时间，很多事情来不及了。

【戏台上演戏———晃就散】

释义：比喻时间很短就完了。

【月亮跟着日头走——惜光】

　　释义：月亮围着太阳转，并靠反射太阳的光发光，月亮本身不发光。"惜光"既指出月亮借太阳发光这一事实，又暗指人们应该珍惜自己的时光。

【张飞戒酒——明天】

　　释义：张飞戒酒总以"明天"为借口。指人喜欢拖延，不珍惜当下时间。

【花果山的日子——猴年马月】

　　释义：泛指未来的岁月。猴、马：十二生肖之一。

【老侯爬旗杆——不行喽】

　　释义：比喻多有本领的人，上了年纪就力不从心了。

第四章　实践当中出真知

　　一个人要想知识渊博，除了学习书本知识，他的经验和阅历也很重要。当年，李时珍走遍了南方许多省，收集民间药方，逐一加以验证，才写成了不朽的药学名著《本草纲目》。常言道，"不经一事，不长一智"，人的成长是从挫折中得来的，同样，"知识渊博"也是从实践中获取到的。

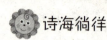 诗海徜徉

【读书患不多，思义患不明。患足己不学，既学患不行】

　　出处：唐·韩愈《赠别元十八协律六首》

　　释义：读书怕读的不多，思考道理怕不明白；怕自以为足够了不再学，既然学了又怕不实行诗中提出的治学的四个主要方面，即多读、深思、虚心、躬行。

【昏昏恋枕衾，安见天地英】

　　出处：唐·刘禹锡《秋江早发》

　　释义：如果整天留恋被窝，昏昏欲睡，怎能有机会去欣赏大自然的美景呢？比喻人不接触社会，自然就不会有真正的见识。衾（qīn）：被子。英：美景。

【纸上得来终觉浅，绝知此事要躬行】

　　出处：宋·陆游《冬夜读书示子聿》

　　释义：从书本上得来的知识，终究体会不深；要想透彻地了解某件事，非亲身实践不可。绝：彻底。躬行：亲自实践。

【早岁读书无甚解，晚年省事有奇功】

　　出处：宋·苏辙《省事诗》

　　释义：早年读书对书中所说的道理还不是很理解，但到了晚

年审察事物好像得了神助似的。说明年轻时生活阅历浅薄，理解能力不强，随着阅历的加深、经验的丰富，人脉的拓展、理解能力都增强了。

【知而不能行，只是知得浅】

出处：宋·程颢、程颐《二程遗书》

释义：有了知识而不能实行，这种知识是肤浅的。

【不随举子纸上学《六韬》，不学腐儒穿凿注《五经》】

出处：宋·刘过《多景楼醉歌》

释义：不学古代读书人在书本上理解《六韬》，不学迂腐无用的学者牵强附会地翻译《五经》。举子：封建时代参加应试的人。《六韬》《五经》：书名。腐儒：迂腐无用的学者。穿凿：牵强附会。

【三岁之童皆知之，百岁老人行不得】

出处：唐·段成式《酉阳杂俎》

释义：三岁儿童都知道的道理，百岁老人也做不到。说明知易行难。

【读书虽可喜，何如躬践履】

出处：清·刘岩《杂诗》

释义：读书学习虽然可喜，但不如亲身努力实践。

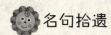 名句拾遗

【弗虑胡获，弗为胡成】

出处：《尚书·太甲下》

释义：不经过思考，怎么会有所收获？不去实行，怎么会有所成就？弗（fú）：不。

【君子之学，未尝离行以为知也】

出处：清·王夫之《尚书引义》

释义：君子做学问，从不认为可以离开实践就能掌握到真正的知识。

【临渊羡鱼，不如退而结网】

出处：东汉·班固《汉书·董仲舒传》

释义：站在深潭边上希望得到里面的鱼，还不如赶快回去编织渔网。

【不知有汉，无论魏晋】

出处：晋·陶渊明《桃花源记》

释义：不知道有汉朝，三国魏及晋朝就更不知道了。形容因长期脱离现实生活，对社会状况特别是新鲜事物一无所知。也形容因脱离实践，而导致知识贫乏，学问浅薄。

【行然后知之艰，非力行焉者不能知也】

出处：宋·朱熹《四书集注》

释义：行动起来才知道实践的艰难，因为不力行就不能获得知识。

【学者贵于行之，而不贵于知之】

出处：宋·司马光《答孔文仲司户书》

释义：学者贵在能把学到的知识运用到实践中去，而不仅仅是在表面上了解知识。

【大抵学问只有两途，致知力行而已】

出处：宋·朱熹《朱熹文集·答吕子约》

释义：做学问只有两个途径，就是掌握知识，并且能加以实践。致知：掌握知识。

【"体验"二字，学者最亲切】

出处：明·胡居仁《居业录·学问》

释义：读书人通过实践去思考问题，感受最为亲切。

【知行兼举】

出处：明·王廷相《慎言·小宗》

释义：知和行都要重视，不可偏废。

【尽天下之学，无有不行而可以言学者】

出处：明·王守仁《答顾东桥书》

释义：普天下所有的学问，没有只会空谈理论，不参加实践而称得上有学问的。

【君子之学，未尝离行以为知也必矣】

出处：清·王夫之《尚书引义》

释义：君子学习，离开行动必然不能获得真知。必：必然。

【知虽良而能不逮，犹之乎弗知】

出处：清·王夫之《张子正蒙注》

释义：虽有良好学识但身体力行的能力却不足，这等于不知。逮：及。

【以知为首，尊知而贱能，则能废】

出处：清·王夫之《周易外传·系辞上》

释义：过分强调知而轻视实践，人就会失去实践能力。能：实践，实践能力。废：废弃。

【见闻之知，不如心之所喻，心之所喻，不如身之所亲行焉】

出处：清·王夫之《周易外传·系辞上》

释义：从见闻得到的知识，不如心中已了解的，心中了解的，不如经过实践体验的。喻：了解，通晓。

【及之而后知，履之而后艰】

出处：魏源《魏源集》

释义：接触事物然后获得知识，把学到的知识付诸实践就知道实践的艰难。

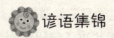 谚语集锦

【子不夜行，安知道上有夜行人】

释义：你不走夜路，怎么知道路上有走夜路的人？比喻没有亲自去实践或经历，就不知道真实情形。

【不经一事，不长一智】

释义：不经历一件事情，就不能增长对这件事情的见识。

【不当撑船手，不会摸篙竿】

释义：比喻经过亲身实践，才能增长才干。篙（gāo）竿：撑船的竹竿。

【三年药店半郎中】

释义：在药店里管了三年柜台、配了三年中药，不是医生也懂得一半医道。比喻多接触某方面知识，慢慢就可能无师自通。三年：泛指多年。半郎中：成为半个医生，意为懂得了一半医道。郎中：旧时草药医生。

【眼过千遍，不如手过一遍】

释义：眼睛看过千遍，不如动手做一遍。比喻见得再多也不如亲身体验。眼过：见到过。手过：过手，动手做过。

【不蹚河不知水深浅】

释义：不从河中走过去就不知道河水的深浅。比喻不实践就不知道自己掌握了多少知识。蹚（tāng）：从有水的地方走过去。

【擒龙要下海，打虎要上山】

释义：比喻实践才能出成果。

【闭门画花不如走马观花，走马观花不如下马栽花】

释义：关起门来画花不如大略地观察一下花朵，大略地观察花朵不如自己亲自栽种花朵。比喻要想获得成功就要动手实践。走马观花：骑在奔跑的马上看花，形容大略地观察一下。

【肚里几本经，文章见高低】

释义：肚子里有多少学问，写篇文章就一见高低。

【墙上画饼不能吃，纸上画马不能骑】

释义：说明空想不能解决任何问题。

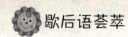 **歇后语荟萃**

【象棋斗胜——纸上谈兵】

释义：依靠象棋战胜对手，就像在纸面上谈论打仗而已。比喻空谈理论，不能解决实际问题。

故事漫谈

战国时的赵括，他谈论起用兵问题，头头是道。但是用起兵来，昏着迭出，最终全军覆没，身败名裂。这个故事所蕴含的道理就是：理论是重要的，但是实践更重要，不能将理论贯彻到实践，那就是空谈。

【弹花匠的女儿——会弹（谈）不会纺】

释义："弹"与"谈"同音，形容只会说不会做。

【孔夫子的背包——书呆（袋）子】

释义：讽刺只知道啃书本，不懂联系实际或缺乏生活经验的人。

【矮子打狼——光喊不上】

释义：个头矮小的人打狼，只知道喊叫却不知道向前冲。比喻光说不练，没有实际行动。

【雄鹰的翅膀——练的】

释义：雄鹰的翅膀之所以坚硬，是长期飞翔的结果。比喻取得成就是反复学习、实践的结果。

【五件夹衣——（十件）实践】

释义："实践"与"十件"同音，说明实践很重要。

【一本书通读到老——食古不化】

释义：一本书从头读到尾一直读到年老，还是不能理解。形容对所学的知识理解得不深、不透，不善于按现在的情况来运用，跟吃东西不消化一样。

【额头上挂钥匙——开开眼界】

释义：比喻看到美好或珍奇的事物，可以增加知识，增长见识。

第五章　读书有学问

学习离不开读书，有效地读书是丰富知识的重要途径。例如，浏览与精读相结合、独立思考与向人请教结合、按照学习计划循序渐进地读书……读书光靠学还不够，还要多动脑思考并且寻找读书的捷径，这样才能求得真学问。反之，只埋头苦读不去思考，必然收获甚微。

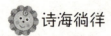诗海徜徉

【他山之石，可以攻玉】

出处：《诗经·小雅·鹤鸣》

释义：其他山上的石块，可以用来琢磨玉器。攻：琢磨。学习其他科目有利于我们开阔视野，增长见识；有利于我们增添学习方法，缩短学习差距；有利于我们拓展思路，增强创造性思维。

【如切如磋，如琢如磨】

出处：《诗经·卫风·淇奥》

释义：像切，像磋，像琢，像磨。切、磋、琢、磨：本来指把骨头、象牙、玉石、石头等加工制成器物。后来引申为在学问上的研究、探讨。指共同研究学习，互相取长补短。

【别裁伪体亲风雅，转益多师是汝师】

出处：唐·杜甫《戏为六绝句》

释义：要区分并剔除那些华而不实的东西，而学习继承《诗经》中的优良手法，广泛吸收各家教益，熔众家之长于一炉。说明对以前的作品应去伪存真，并博采众长。风雅：是《诗经》中的两大部分，也是古人作诗的最高标准。转益多师：不拘泥于一

时、一地、一家学习。

【书生如鱼蠹书册，辛苦雕篆真徒劳】

出处：宋·刘过《从军乐》

释义：死读书如同蛀书虫，再辛苦也是徒劳无益。鱼蠹（dù）：蛀蚀器物的虫子。

【惟有吟哦殊不倦，始知文字乐无穷】

出处：宋·欧阳修《戏答圣俞持烛之句》

释义：只有孜孜不倦地吟哦每一个文字的含义，才明白文字中的其乐无穷。

【古书不厌百回读，熟读深思子自知】

出处：宋·苏轼《送安惇落第诗》

释义：古人所著的书要不厌其烦反复地读，熟读了，再加上深入地思考，你自然会领会其中的意思。

【读书切戒在慌忙，涵泳工夫兴味长】

出处：宋·陆九渊《读书》

释义：读书切忌马虎匆忙、急于求成，如果能够静下心来慢慢体会，会发现里面有无穷的趣味。涵泳：慢慢体会消化。

【读书贵神解，无事守章句】

出处：清·徐供钧《书怀》

释义：读书贵在能够对书中的主旨心领神会，而不必过于拘泥于它的章节和句子。神解：心领神会。事：从事，治事。

【书味在胸中，甘于饮陈酒】

出处：清·袁枚《遣怀杂诗》

释义：心里体味到了书中的含义，那甜美的滋味胜过于畅饮陈年老酒。

【读书数万卷，胸中无适主，便如暴富儿，颇为用钱苦】

出处：清·郑板桥《赠国子学正侯嘉璠弟》

释义：读书很多，却抓不住重点，就如同暴发户为如何花钱而苦恼一样。

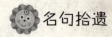 名句拾遗

【独学而无友，则孤陋而寡闻】

出处：《礼记·学记》

释义：如果只是独自一个人学习而没有朋友一起讨论研究，就会孤陋寡闻。

【不学操缦，不能安弦；不学博依，不以安诗】

出处：《礼记·学记》

释义：不先学习操弄弦琴，指法就会不娴熟，弹不好琴；不先学习各类比喻，就写不好诗。这说明学习要注重打好基础。

【好问则裕，自用则小】

出处：《尚书·仲虺之浩》

释义：好问必多知，自以为是则学不到东西。

【学而不思，则罔；思而不学，则殆】

出处：《论语·为政》

释义：只是机械地学习而不加以思索，那就会迷惑不解；思索了却不进一步学习，那就会精神疲惫。

【博学而详说之，将以反说约也】

出处：《孟子·离娄下》

释义：广泛学习，详细地解说，在融会贯通以后，再加以简约。

【尽信书，则不如无书】

出处：《孟子·尽心下》

释义：如果一味迷信书本，就不如没有书。

【学者博览而就善】

出处：汉·桓宽《盐铁论·申韩》

释义：治学者要广泛地阅读，并且要吸取其中正确、有用的内容。

【多闻则守之以约，多见则守之以卓】

　　出处：汉·扬雄《法言·吾子篇》

　　释义：博闻广识要掌握要领，有高明的见解才好。守：掌握，保持。

【好读书，不求甚解】

　　出处：晋·陶渊明《五柳先生传》

　　释义：读书只求领会要旨，不必刻意在字句上下功夫。

【循序而渐进，熟读而精思】

　　出处：宋·朱熹《读书之要》

　　释义：（学习）要一点点来，熟读书本并要严谨认真地思考。

【读书有三到，谓心到、口到、眼到】

　　出处：宋·朱熹《训学斋规》

　　释义：读书要做到三点：用心去体会，用嘴去朗读，用眼睛去阅读。

【书富如入海，百货皆有；人之精力，不能兼收尽取，但得其所欲求者尔】

　　出处：宋·苏轼《又答王庠书》

　　释义：书籍又多又杂，不可能全读，须有选择、有重点地阅读，才能有所收获。

【善读书惟其意，不惟其文】

　　出处：明·吴承恩《射阳先生存稿》

　　释义：善于读书的人，要注重文章的深刻含义，不单追求其文采。

【有学而无问，虽读书万卷，只是一条钝汉尔】

　　出处：清·郑板桥《随猎诗草·花间堂诗草跋》

　　释义：只管自己埋头苦读，而不去请教别人，虽然读了很多书，只不过是个笨人罢了。钝汉：笨人。

【善读书者曰攻，曰扫。攻则直透重围，扫则了无一物】

　　出处：清·郑板桥《随猎诗草·花间堂诗草跋》

释义：善于读书的人，采用钻研和浏览的方法。钻研才能深入理解，浏览就能博览群书，不致遗漏。

【不学问者，学必不进】

出处：清·唐彪《父师善诱法》

释义：学习不勤请教别人，学业就无法进步。

【为学从切实处下手，自不落空】

出处：清·王豫《蕉窗日记》卷一

释义：学习要从切实需要处下手，就一定会有收获。

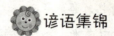 谚语集锦

【好记性弗如烂笔头】

释义：记性再好也不如用笔记。

【学习不温习，雨过湿地皮】

释义：只学习而不温习，就像雨下在潮湿的地面上。比喻起不到任何效果。

【窍门满地跑，就看找不找】

释义：窍门有很多，就看你肯不肯用心去钻研。

【雨勤水草好，口勤学问高】

释义：雨水下得勤，水草就长得茂盛；多开口问问题，才会提高学问。

【读书不想，隔靴搔痒】

释义：光读书不思考，犹如隔着靴子搔痒痒。比喻读书学习没有抓住要点。搔：抓。

【三天不做手生，三天不念口生】

释义：三天不做事就不熟练了，三天不念书就不会读了。说明坚持不懈是读书学习的法宝。

【种田不离地头，读书不离案头】

释义：种田离不开土地，读书离不开书桌。案头：书桌。比喻找适合读书的地方。

【广学细琢得知识，细嚼慢咽得滋味】

　　释义：广泛学习，细细思考才会学到知识，慢慢去体会才能感到学习的快乐。细嚼慢咽：本指慢慢地吃东西。引申为慢慢去体味。

【宁吃鲜桃一口，不吃烂杏一筐】

　　释义：比喻学习宁可少而精，不可多而滥。

【强记不如善悟】

　　释义：强行记住不如善于理解、明白。

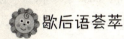 歇后语荟萃

【吹喇叭响爆竹——有鸣有放】

　　释义：比喻学习要讲究方法，要学会变通。

【骑马观花——不深入】

　　释义：骑在马上看花，看得不仔细。比喻学习应该由浅入深。

【冬天不戴帽子——动动（冻冻）脑筋】

　　释义："动"与"冻"同音，比喻读书要认真思考。

【孔夫子念书——咬文嚼字】

　　释义：比喻过分地斟酌词句。多指死抠字眼而不注意精神实质。

【狗熊掰苞谷——掰一个丢一个】

　　释义：常用来比喻学了就忘。

【雷公打豆腐——专拣软的欺】

　　释义：比喻专找软者欺负或先从弱的地方下手。

【纸糊的窗户——一点就破】

　　释义：用纸糊的窗户，轻轻一点就破了。比喻一经别人指点后，就明白了其中的道理。说明遇到不会的问题应向别人请教。

【张松阅书——一目十行】

　　释义：一眼能看十行文章。形容阅读的速度极快。

【囫囵吞枣——不辨滋味】

释义：比喻在学习上食而不化，不加分析思考地笼统接受。囫囵：整个儿的，完整的。吞：咽下去。

故事漫谈

从前有个人看书的时候，总会把书中文章大声念出来，可是他从来不动脑筋想一想书中的道理，还自以为看了很多书，懂得许多道理。有一天，他参加朋友的聚会，大家边吃边聊，其中有一位客人感慨地说："这世上很少有两全其美的事，就拿吃水果来说，梨对牙齿很好，但是吃多了伤胃；枣子能健胃，可惜吃多了会伤牙齿。"大家都觉得很有道理。这个人为了表现自己的聪明，就接下去说："这很简单嘛！吃梨子时不要吃进果肉，就不会伤胃；吃枣子时用吞的，就不会伤牙啦！"这时桌上正好有一盘枣子，他便拿起枣子打算直接吞下去。

大家怕他噎到，连忙劝他说："千万别吞，卡在喉咙里多危险呀！"

第四篇

宽以待人，心向美好

第一章　宽容是一种胸怀

宽容是一种胸怀，一种睿智，一种乐观面对人生的勇气。宽容别人，就等于宽容自己。互相宽容的朋友一定百年同舟；互相宽容的夫妻一定百年共枕。会宽容的人，心灵必然纯净，生活必然快乐。

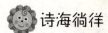 诗海徜徉

【小人自龌龊，安知旷士怀】

出处：南朝·宋·鲍照《代放歌行》

释义：小人本自钻营好利、心胸狭隘，怎么可能了解旷士宽广豁达、蔑视权贵的胸怀呢？龌龊（wò chuò）：肮脏。旷士：心胸旷达之人。

【君子量不极，胸吞百川流】

出处：唐·孟郊《赠裴枢端公》

释义：君子的气量没有边际，心胸可以容纳百川。不极：无边。极，尽头处。吞：纳。形容君子的气量宏大。

【大海从鱼跃，长空任鸟飞】

出处：唐·（僧）玄览《佚题》

释义：大海任由鱼在海面上跳跃，天空任由鸟在空中飞翔。这两句是佛门用来比喻人应心胸开阔，无拘无束，有一种超尘世的精神境界。

【由来大度士，不受流俗侵】

出处：唐·唐彦谦《和陶渊明贫士诗》

释义：向来豁达大度的人，都不受时风流俗的侵扰和影响。

【莫思身外无穷事，且尽生前有限杯】

出处：唐·杜甫《绝句漫兴九首》

释义：不要为世俗的事烦恼，姑且饮尽这有限的酒。

【操与霜雪明，量与江海宽】

出处：唐·常建《赠三侍御》

释义：节操像冰霜、白雪一样明亮，雅量像江河湖海一样宽广。形容节操高洁，胸怀宽广。操：节操，德行。量：度量。

【无意苦争春，一任群芳妒】

出处：宋·陆游《卜算子·咏梅》

释义：梅花无心与百花争艳，任由群花忌妒，坚持保留自己的个性。

【醉觉乾坤大，闲知日月长】

出处：宋·陆游《初归偶到近村戏书》

释义：醉里无拘无束，心宽觉得天地特大，闲适中更知日月悠长。

【志量恢弘纳百川，遨游四海结英贤】

出处：元·马致远《陈抟高卧》

释义：志气和度量可以容纳百川，周游全国可以结识英雄豪杰。志量恢弘：志气和度量都很大。恢弘：大，宽广。遨游四海：周游全国。英贤：英雄贤豪一类人物。

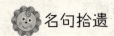 名句拾遗

【君子坦荡荡，小人长戚戚】

出处：《论语·述而》

释义：君子心胸开阔，思想上坦率洁净，外貌动作也显得十分舒畅安定。小人心里欲念太多，心理负担很重，就常常忧虑、担心，外貌、动作也显得忐忑不安，常常是坐不定、站不稳的样子。

【人不知而不愠，不亦君子乎】

出处：《论语·学而》

释义：别人不了解自己，而自己也不怨恨，不也算得上是君子吗？

【见贤思齐焉，见不贤而内自省也】

出处：《论语·里仁》

释义：见到贤人，就应该想着向他学习；看见不贤的人，便应该自己反省。思齐：想着要追上，看齐。内自省：自己在内心里省察，检查。

【人之有技，若己有之】

出处：《尚书·秦誓》

释义：看见别人有本领，就像自己有一样。有气度的人，将别人的成绩定为自己的前进方向，将别人的看家本领作为自己学习的内容。

【君子交绝，不出恶声】

出处：西汉·司马迁《史记·乐毅列传》

释义：君子即使与朋友绝交了，也不会说对方坏话。恶声：伤害诋毁的话。

【无妒者稀，容人者释忿哉】

出处：唐·李义府《度心术》

释义：没有嫉妒心的人很少，能宽容他人的人可以消融愤恨。意思是嫉妒是宽容的大敌，如果能用宽容的胸怀去浇灭妒火，可以说明这个人有气度、有涵养。

【利居众后，责在人先】

出处：唐·韩愈《送穷文》

释义：谈享受要在众人之后，尽责任要在别人之前。

【盖棺事则已，此志常觊豁】

出处：唐·杜甫《自京赴奉先县咏怀五百字》

释义：此身未死，就要常常保持自己开朗豁达的胸怀。

【心旷，则万钟如瓦缶；心隘，则一发似车轮】

出处：明·洪应明《菜根谭》

释义：心胸开阔，即使是万钟的财富也会像瓦罐一样不值钱；心胸狭隘，即使是一根头发也会被看得像车轮一样重要。

【大其心容天下之物，虚其心受天下之善】

　　出处：明·吕坤《呻吟语·补遗》

　　释义：要胸襟宽广，虚怀若谷，虚心接受好的意见。

【度量放宽宏，见识休局促】

　　出处：清·王世贞《正家箴》

　　释义：要有宽宏大量的胸怀，要有高瞻远瞩的见识。

【愁烦中具潇洒襟怀，满抱皆春风和气；暗昧处见光明世界，此心即白日青天】

　　出处：清·王永彬《围炉夜话》

　　释义：在忧愁与苦闷中能具备潇洒大度的胸襟，心情才会如徐徐春风般一团和气；在昏暗不明的环境里要有开朗宽广的胸怀，心境才会如青天白日般明亮。

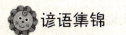 谚语集锦

【君子不夺人所好】

　　释义：正派人不抢夺别人所喜欢的东西。说明人应成人之美，而不应夺人所爱。

【君子动口，小人动手】

　　释义：正派人只动口讲道理，小人才动手打人。

【海纳百川，有容乃大】

　　释义：海洋接纳所有的河流，这样才成就了它的宽广。比喻人要有气度。

【腹中天地宽，常有渡人船】

　　释义：人的胸怀应该宽广，就像能够在里面乘船一样。

【大人不计小人过】

　　释义：旧谓地位高的人对地位低的人的过失不应计较、怪罪。现在指不计较别人对自己的无礼。

【得放手时且放手，得饶人处且饶人】

　　释义：能够放下过去就放下过去，能够宽恕人就尽量加以宽恕。

【冤家宜解不宜结】

释义：有仇恨的人应该和好，不应该继续结仇。劝人处世不必太过于计较。

【大丈夫顶天立地】

释义：男子汉应光明磊落，气概豪迈。

【弓硬弦易断，人强祸必随】

释义：射箭的弓太硬往往会弄断弓弦，现指人的性格过于倔强，容易招致灾祸。

【大丈夫能屈能伸】

释义：大丈夫在失意时能暂且忍耐，在得意时能充分施展本领。有志气的人处在困境时，能忍受委屈，得志时能施展抱负。

【度量如海涵春育，应接如流水行云】

释义：度量要像大海一样包容一切，像春天一样孕育万物，待人接物要像流水行云一样自如。

【度量要宏，熟读五经诸史】

释义：一个人要想有恢宏的气度，就要熟读四书五经的著述。

【不知者不怪罪】

释义：不了解情况而犯的过失，不能怪罪。

【嫉妒每因眉睫浅】

释义：眼界狭小的人，喜欢嫉妒别人。

【吃一分亏无量福，失便宜处是便宜】

释义：吃一点亏往往会带来无限福分，失去一点便宜，往往能得到更多的便宜。劝诫人不要计较眼前的得失。

【输钱只为赢钱起】

释义：输了钱是因为想赢钱所引起的。比喻吃了亏是因为想占人便宜造成的。

【欺人是祸，饶人是福】

释义：伤害人会给自己带来灾祸，宽恕人却能给人带来福分。

【不看僧面看佛面】

　　释义：比喻请看第三者的情面帮助或宽恕某一个人。

【量少非君子，德高乃丈夫】

　　释义：气量狭小就不是德行高尚的人，德行高尚才是有作为的男子汉。

【君子有容人之量，小人存忌妒之心】

　　释义：有德行者气量大，无德行者心存嫉妒别人的心。

 歇后语荟萃

【针尖对麦芒——针锋相对】

　　释义：比喻双方都很厉害，互不相让。麦芒，成熟后麦子的尖，像针一样锋利。

【摆船运蚂蚁——肚（渡）量太小】

　　释义："渡"与"肚"同音，指人的气度。比喻人心胸狭窄，不能宽容别人。

【蜘蛛拉网——自私（丝）】

　　释义："丝"与"私"同音，形容人心胸狭窄，只为自己打算。

【笔筒吹火——小气】

　　释义：用小小的笔筒吹气生火，气流很小。比喻人的气量小。

第二章 做人要严于律己

　　人的通病在于总能看见别人身上的缺点，总想指导别人，殊不知自己也会被别人指指点点。与其在背后说别人是非，倒不如用这精力来克制自己的缺点，提高自身的修养。

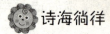 诗海徜徉

【人亦有言，靡哲不愚】

　　出处：《诗经·大雅·抑》

　　释义：有人讲过，每一个聪明绝顶的人都会有愚昧的时候。说明人无完人，对自己不要太苛刻。靡（mǐ）：没有。哲：聪明绝顶的人。

【予其惩而毖后患】

　　出处：《诗经·周颂·小毖》

　　释义：我要将过去的错误作为警戒，在以后更加谨慎，以免招来祸患。

【且闻过称己，一何过不渝】

　　出处：唐·孟郊《旅次湘沅有怀灵均》

　　释义：一个人能做到刚听到批评意见就好好想想，还有什么过错不能改的呢？称：度，思考。渝：改。

【智者因危而建安，明者矫失而成德】

　　出处：唐·陆贽《奉天请罢琼林大盈二库状》

　　释义：有智慧的人可以转危为安；聪明的人改正自己的错误就会养成好的品德。建：创造。矫：纠正。

【举世何人肯自知，须逢精鉴定妍媸】

　　出处：唐·郑谷《闲题》

释义：人世间谁愿意承认自己的缺点呢？所以必须用好镜子来对照自己是美的还是丑的。

【丈夫立身须自省，知祸知福如形影】

出处：唐·樊铸《及第后读书院咏物十首上礼部李侍郎》

释义：一个人处在世上应当时常反省自己的弱点，应当知道祸与福就像形和影那样紧密相连。

【欲觉闻晨钟，令人发深省】

出处：唐·杜甫《游龙门奉先寺》

释义：一听到早晨的钟声，就要自我检查每天各方面都要怎么做。

【栽培剪伐须勤力，花易凋零草易生】

出处：宋·苏舜钦《题花山寺壁》

释义：栽培香花要常常培土用力，因为香花容易凋零，而杂草容易蔓延。现在用来比喻人要努力克服缺点，才能培养好品德。

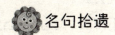 名句拾遗

【过，则勿惮改】

出处：《论语·学而》

释义：有了错误不要回避，要勇于改正。

【小人之过也必文】

出处：《论语·子张》

释义：小人对于自己的过错，总想办法说出一套理由，把过错掩盖起来。这句话告诉我们，当意识到自己做错的时候，首先做的不是如何掩饰自己的错误，而是找到错误的根源，从自身找原因，不要推卸责任，责怪他人。

【君子之过也，如日月之食焉。过也，人皆见之；更也，人皆仰之】

出处：《论语·子张》

释义：君子的过错好比日食、月食一样。他一犯错，人人都看得见；他改正过错，人人都会仰望着他。

【躬自厚而薄责于人，则远怨矣】

出处：《论语·卫灵公》

释义：对自己从重责备，对他人从轻责备，这样便可以远离他人的怨恨。

【怨人不自怨，求诸人不如求诸己得也】

出处：汉·刘安等《淮南子·缪称训》

释义：责备别人不如责备自己，对别人求全责备，不如严格要求自己。

【玩人丧德，玩物丧志】

出处：《尚书·旅獒》

释义：玩弄别人是丧失道德的，玩赏喜爱之物是会消磨人的志向的。

【过而不改，是谓过矣】

出处：《论语·卫灵公》

释义：有了过错而不悔改，这才叫过错。过：过失。是：这。谓：叫作。

【责己则攻短，论人则取长】

出处：清·恽敬《大云山房文稿·与李汀州》

释义：责备自己就是批评自己的缺点，议论别人就是汲取别人的长处。

【责人者不全友，自恕者不诲过】

出处：宋·林逋《省心录》

释义：喜欢指责别人的人，不能保全友谊；喜欢宽恕自己的人，不能改正错误。

【律己是以服人，量宽是以得人，身先是以率人】

出处：宋·林逋《省心录》

释义：严格要求自己，能服人；宽宏大量，能得人心；自己带头，能率领别人。

【有则改之，无则加勉】

出处：宋·朱熹《集注》

释义：（对别人给自己指出的缺点或错误）如果有，就改正，如果没有，就用来勉励自己。则：就。加：加以。

【宁人负我，无我负人，此待己之道也】

出处：元·张养浩《牧民忠告》

释义：宁可别人对不起我，我也不能对不起别人，这是对待自己的原则。

【律己宜带秋风，处事宜带春风】

出处：清·张潮《幽梦影》

释义：约束自己应该像秋风一样严肃，处理事情应该像春风一样温和。

【居心要宽，持身要严】

出处：清·申居郧《西岩赘语》

释义：心胸要宽广，对自己要严格要求。

【君子以细行律身，不以细行取人】

出处：清·魏源《默觚下·治篇一》

释义：君子在小事上严格要求自己，但不以小事来苛求别人。

【自责之外，无胜人之术；自强之外，无上人之术】

出处：清·金缨《格言联璧·持躬类》

释义：除了严于律己，没有可以胜过别人的办法；除了自强不息，没有可以超过别人的办法。

【临事须替别人想，论人先将自己想】

出处：清·金缨《格言联璧·接物》

释义：大事当前要先替别人想，议论人家首先要先想想自己。

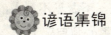 谚语集锦

【人非圣贤，孰能无过】

释义：人都不是圣贤，难免会犯错误。

【看我不重，看人不轻】

释义：不看重自己，也不轻视别人。

【苍蝇不叮无缝的蛋】

释义：比喻自身不存在问题，别人就难以钻空子。

【脸丑怪不着镜子】

释义：比喻自身有缺点，无须怪别人或找别的原因。

【不怕人不敬，就怕己不正】

释义：不怕别人不尊敬自己，只怕自己品行不端正。说明自己立身正派，别人自然会肃然起敬。

【常思己过，免于招祸】

释义：常常思考自己的过错，免于招惹祸患。说明时时提醒自己。

【常想自己过，莫论他人非】

释义：时常想想自己的过错，不要议论别人的是非。指应该经常自我反省。

【牛不知角弯，马不知脸长】

释义：牛不知道自己的角弯，马不知道自己的脸长。比喻人看不见自己的短处。

【人必自侮，而后人侮】

释义：一个人必先自己捉弄自己，然后别人才捉弄他。意思是由于自己的不自重，才招致别人的侮辱。

【平生只会说人短，何不回头把己量】

释义：一辈子只会计较别人的缺点，为什么不回头看看自己有什么缺点呢？

【明人不做暗事】

释义：光明正大的人，不做见不得人的坏事。

【人能克己身无患，事不欺心睡自安】

释义：人能克制自己就没有灾祸，做事不昧着良心就自然能安睡。

【篱牢犬不入】

释义：篱笆编得结实，狗就钻不进来。比喻自己品行端正，坏人就无法勾引。

【小洞勿补，大洞吃苦】

释义：小洞不及时修补，变成大洞就有苦吃了。比喻小缺点不加以改正，到酿成大错误时反害苦了自己。洞：漏洞。吃苦：吃苦头，受到惩罚、报应。

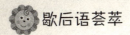 歇后语荟萃

【关上门做皇帝——自尊自大】

释义：比喻人应该正确地认识自己，不可妄自尊大。

【大厅中央挂楷书——堂堂正正】

释义：形容做人光明正大。楷书：汉字字体的一种，就是现在通行的汉字手写正体字，字迹规规矩矩，横平竖直。堂堂正正：原形容强大整齐的样子，现形容光明正大。

【裁缝的尺子——量人不量己】

释义：形容人只知道别人有缺点，却看不见自己的缺点。

【臭豆腐——闻着臭，吃着香】

释义：比喻明知是缺点，却又挺欣赏，不愿改正。

【脱了旧鞋换新鞋——改邪（鞋）归正】

释义："鞋""邪"同音。从邪路上回到正路上来，不再做坏事。说明知错能改。

【吃粮不管事——只拿钱不做事】

释义：比喻工作不负责。

【包公斩包勉——正人先正己】

释义：比喻要让别人做到公平正直就必须自己先做到。正：正直，公正。

【廉颇拜访蔺相如——负荆请罪】

释义：比喻做错事就勇于向别人赔礼道歉。负：背着。荆：

荆条。背着荆条向对方请罪，表示向人认错赔罪。

故事漫谈

战国时，廉颇和蔺相如同在赵国做官。蔺相如因功大，拜为上卿，位在廉颇之上。廉颇不服，想侮辱蔺相如。蔺相如为了国家的利益，处处退让。后来廉颇知道了，感到很惭愧，就脱了上衣，背着荆条，向蔺相如请罪，望他责罚。

第三章　君子养心莫善于诚

"言必行，行必果""一言既出，驷马难追"这些流传了千百年的古语，都形象地表达了中华民族诚实守信的品质。在中国几千年的文明史中，人们不但为诚实守信的美德大唱颂歌，而且身体力行。

🌻 诗海徜徉

【石以坚为性，君勿轻素诚】

　　出处：晋·鲍照《拟古八首》

　　释义：石头以坚硬为不变的本性，你也不要忽视保持诚挚的本质。

【百金孰为重，一诺良匪轻】

　　出处：唐·卢照邻《咏史四首》其一

　　释义：百金怎么能说不重呢？但和诺言比起来，也显得很轻了。

【一诺许他人，千金双错刀】

　　出处：唐·李白《叙旧赠江阳宰陆调》

　　释义：许诺他人之言，要知道比千金还重要。比喻诺言之信实在可贵。

【三杯吐然诺，五岳倒为轻】

　　出处：唐·李白《侠客行》

　　释义：喝了三杯酒以后就许下诺言，承诺比五岳还重。

【立身存笃信，景行胜将金】

　　出处：唐·王梵志《全唐诗补逸》

　　释义：人生贵于能够诚挚笃信，具有高尚的德行，胜过手中拿着黄金。景行：高尚品行。将：拿，持。

【海岳尚可倾，口诺终不移】

出处：宋·计有功《唐诗纪事》卷十八

释义：海水还可以倒尽，高山也能够崩塌，但已经许下的诺言是不可改变的。

【说得便须行得，方名方行无亏】

出处：宋·张伯端《西江月》

释义：说到就必须做到，这才叫作言行一致。

【出处每怀心耿耿，是非谁较论悠悠】

出处：明·于谦《遣怀》

释义：无论是进还是退，都怀着赤诚之心，就不必计较别人对你有什么评论了。

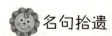 名句拾遗

【修辞立其诚】

出处：《周易·乾·文言》

释义：言语应该建立在诚信的基础上。这里的诚信包括名实一致、言行一致、表里一致。名实一致，是说言论要与事实相符；言行一致，是说言论要与行动相符；表里一致，是说口里说的与心里想的相符，不能口是心非。

【不宝金玉，而忠信以为宝】

出处：《礼记·儒行》

释义：不要把金玉当成宝物，忠诚与信用才是宝物。

【轻诺必寡信】

出处：春秋·老子《道德经》

释义：轻易向别人承诺的人一定很少讲信用。这一点我们可以从两个方面来理解：一是一个人轻易承诺，也许这是一种缺少诚心的承诺。凡是没有经过深思熟虑就轻易许下承诺的人，在执行的过程中必然困难重重，很难遵守他许下的诺言，这种承诺的本身也就是缺少信用。二是一个人轻易承诺，别人看到他不能实

现承诺，那么就会对他失去信任了。

【不精不诚，不能动人】

　　出处：《庄子·渔父》

　　释义：不真诚就不能打动别人。

【君子养心莫善于诚】

　　出处：《荀子·修身》

　　释义：君子修养身心，没有比诚信更好的了。

【失信不立】

　　出处：春秋·鲁·左丘明《左传·襄公二十二年》

　　释义：一个人若失去信用，便很难在社会上立足。

【得黄金百斤，不如得季布一诺】

　　出处：西汉·司马迁《史记·季布栾布列传》

　　释义：与其获得百斤黄金，不如得到季布的一个承诺。季布，为霸王项羽帐下五大将之一，为人信守承诺。

【精诚所至，金石为开】

　　出处：明·凌濛初《初步刻拍案惊奇》

　　释义：人的真诚达到一定程度，就能感动天地，使金石为之开裂。

【不曲道以媚时，不诡行以邀名】

　　出处：汉·崔寔《政论》

　　释义：不能违背人生准则去趋势媚俗，不能以欺诈的行为来取得虚名。

【推诚人自服】

　　出处：唐·刘禹锡《和忾州令狐相公到镇改月偶书所怀（二十二）韵》

　　释义：能够诚心待人，自然人家就会对你信服。

【一诺为重万金轻】

　　出处：宋·王安石《商鞅》

　　释义：以实现自己的诺言为重，其重胜过万两黄金。

【忠诚所感金石开，勉建功名垂竹帛】

出处：宋·陆游《秋日村舍》

释义：真诚能够感动金石那样坚硬的东西，能够勉励自己建功立业，名垂青史。

【实言行实心，无不导人之理】

出处：明·吕坤《呻吟语·诚实》

释义：说话实在，办事实在，为人实在，就没有不使人信服的道理。

【百虑输一忘，百巧输一诚】

出处：清·顾图河《任运》

释义：考虑再周密，若有疏忽也可能失败，技艺再精巧，若缺乏真诚也无法成功。

【百种奸伪，不如一实】

出处：清·李光地《性理情义》

释义：再狡诈、虚伪，也不如诚实。

【君子表不隐里，明暗同度】

出处：唐·马总《意林·魏子》

释义：君子表里如一，嘴里说的和心里想的都一样。度：想法。

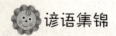 谚语集锦

【宁可吃亏，不可食言】

释义：即使吃亏也要遵守承诺。

【受人之托，忠人之事】

释义：接受了别人的托付，就要把事情彻底办好。

【宁可失钱，不可失信】

释义：就算在金钱上有损失，也不能失去信用。

【人若无信，百事皆虚】

释义：如果不讲诚信，就得不到别人的信任，什么事都做不成。

【处世为人，信义为本】

　　释义：做人应以诚信为本。

【君子一言，快马一鞭】

　　释义：比喻一句话说定，不再反悔。

【心口如一终究好，口是心非难为人】

　　释义：说到做到总归是好的，嘴里说得很好，心里想的却是另一套，这样就枉为人了。

【有借有还，再借不难】

　　释义：比喻借人东西要及时归还，不占为己有，方便下次再借。

【牡丹花好空入目，枣花须少结实成】

　　释义：牡丹花虽然好看也只是用来欣赏，枣花不如牡丹花美但可以结出果实。说明做人要实在。

【心术以光明笃实为第一，容貌以正大老成为第一】

　　释义：心计以光明正大、忠厚老实为最好，相貌以敦厚成熟为最好。所谓为人要光明正大、忠诚老实。

【冰炭不言，冷热自明】

　　释义：冰块和火炭不必说话，谁冷谁热，自己心里最明白。比喻内心的诚意不用表白，自然地表现在行动上。

【与人为善，以诚为本】

　　释义：和人友好地交往要遵守诚信这条基本原则。

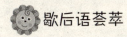 歇后语荟萃

【二两茶叶泡一碗——老实】

　　释义：二两茶叶泡一碗，碗里都是茶，难以盛水。形容为人忠厚诚实。

【翻手为云，覆手为雨——出尔反尔】

　　释义：原意是你怎样做，就会得到怎样的后果。现指人的言行反复无常，前后自相矛盾。

【口传家书——言而无信】

释义：形容人说话不算数，没有信用。

【鹅卵石下油锅——扎（炸）实（石）】

释义："炸"与"扎"同音，"石"与"实"同音，比喻踏实可靠，值得信任。

【粉刷的乌鸦——白不长】

释义：乌鸦，全身都是黑色，如果用白色把它粉刷一下，只能暂时变成白色。比喻伪装隐瞒不了事实真相，谎言总有一天会被拆穿。

【挂羊头卖狗肉——有名无实】

释义：比喻假借某种好的名义，而实际上并不是那样。说明不诚实。

【斧头劈木柴——斧子一块】

释义：比喻说话句句真实可靠。

【赤脚拜观音——真心诚意】

释义：光着脚拜菩萨，显示虔诚。比喻做人心意要真实诚恳，没有虚假。

【包大人的布告——开诚布公】

释义：比喻诚意待人，坦白无私。

第四章　人一骄傲，难免摔跤

　　没有一个人能够有骄傲的资本，因为任何一个人，即使他在某一方面的造诣很深，也不能够说他已经彻底精通。生命有限，知识无穷，任何一门学问都是无穷无尽的海洋，谁也没有资本认为自己已经达到了最高境界而可以停步不前、趾高气扬。

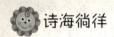 诗海徜徉

【山不让尘，川不辞盈】

　　出处：晋·张华《励志诗》

　　释义：山不拒绝细小的尘埃，因此才那样巍峨；江河不嫌弃细流，所以才那样浩瀚。这些都说明谦虚才能成大器。

【心虚体自轻，飘飘若仙步】

　　出处：晋·何敬祖《杂诗》

　　释义：不骄傲自满的人，自然能心里轻松，愉快如仙。心虚：不自满。仙步：形容步履轻盈。

【劝君不用夸头角，梦里输赢总未真】

　　出处：唐·李山甫《寓怀》

　　释义：劝你不要口出狂言夸耀自己如何得意，在梦里的胜利或失败，恐怕未必就是真的。比喻不要被一时的胜利冲昏头脑。头角：比喻年少得意。

【在富莫骄奢，骄奢多自亡】

　　出处：唐·邵谒《金谷园怀古》

　　释义：当你富贵之时，切忌骄傲奢侈，骄傲奢侈的人容易自招失败。

【富贵不淫贫贱乐，男儿到此是豪雄】

　　出处：宋·程颢《偶成》

释义：身处富贵不娇纵，身临贫贱依然能保持乐观的心态，男子汉能做到如此才是真正的豪雄。

【山鸡照绿水，自爱一何愚】

出处：宋·王安石《金陵绝句》

释义：山鸡在清澈的水中照看自己，这种顾影自怜是多么的愚蠢！比喻无知的人往往会自我陶醉。

【自满九族散，匪骄百善寻】

出处：宋·种放《谕蒙诗》

释义：人一骄傲自满，就会弄成孤家寡人，众叛亲离；人若能谦虚，会深得人心，便获得自善。匪：不。

【盛满易为实，谦冲恒受福】

出处：清·张廷玉《杂兴》

释义：很自满的人容易招来灾祸，谦虚卑让的人总是得福。谦冲：谦虚卑让。

【不伐功斯巨，惟谦道乃光】

出处：清·高鹗《扑满》

释义：有功劳而不自夸，才真正算得是大功劳；为人能谦虚谨慎，道德才算是得到发扬光大。

【春华不自赏，壮岁求其根】

出处：《龚自珍全集·二哀诗》

释义：不要因为自己年轻而自鸣得意，应当想到壮年时自己应有所成就。

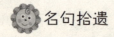 名句拾遗

【人道恶盈而好谦】

出处：《易经·谦》

释义：人之常情都是讨厌骄傲自大的人，而喜欢谦虚的人。

【谦，德之柄也】

出处：《易经·系辞下》

释义：谦虚是道德修养的根本。

【傲不可长，欲不可从，志不可满，乐不可极】

　　出处：《礼记·曲礼上》

　　释义：骄傲不可滋长，欲望不可放纵，意志不可自满，享乐不可过甚。

【不自尚其事，不自尊其身】

　　出处：《礼记·表记》

　　释义：不要吹嘘自己做成的事，不要把自己看得高人一等。

【君子不自大其事，不自尚其功】

　　出处：《礼记·表记》

　　释义：君子不夸大自己所做的事情，有了功绩，也不觉得自己有多么的了不起。

【汝惟不矜，天下莫与汝争能；汝惟不伐，天下莫与汝争功】

　　出处：《尚书·大禹谟》

　　释义：只要你不自视清高，世人就不会和你比高低；只要你不自夸劳苦功高，天下就不会有人和你争功。汝（rǔ）：你。矜（jīn）：自夸贤能。伐：自夸功劳。

【矜物之人，无大士焉】

　　出处：《管子·法法》

　　释义：对人骄傲无礼的人，不是有出息的人。

【毋意，毋必，毋固，毋我】

　　出处：《论语·子罕》

　　释义：不要凭空猜测，不要独断专行，不要固执己见，不要自以为是。

【贫而无谄，富而无骄】

　　出处：《论语·学而》

　　释义：（即使）贫穷也不谄媚，（即使）富有也不骄傲。

【勿以己才而笑不才】

　　出处：唐·房玄龄等《晋书·殷仲堪传》

释义：不要用自己的长处来嘲笑别人的短处。

【以人之长补其短，以人之厚补其薄】

出处：汉·刘向《说苑》

释义：吸取别人的长处来弥补自己的短处，吸取别人所具备的来弥补自己所缺少的。

【自满者，人损之；自谦者，人益之】

出处：唐·魏徵《群书治要·尚书》

释义：骄傲的人，别人会贬低他；谦虚的人，别人会称赞他。

【自智者，无明也；自材者，无能也】

出处：宋·崔敦礼《刍言》

释义：自以为聪明的人，其实并不聪明；自以为能干的人，其实并不能干。

【贪满者多损，谦卑者多福】

出处：宋·欧阳修《易或问》

释义：自以为了不得的人常常会遭到失败的打击，谦虚的人常常会受益。

【大抵不足则夸也】

出处：宋·范镇《东斋记事补遗》

释义：大致说来，没有大本领的人，才喜欢夸耀自己。

【谦者，众善之基；傲基，众恶之魁】

出处：明·王守仁《传习录》

释义：谦虚是做各种好事的基础，骄傲是做各种坏事的罪魁祸首。

【敬为入德之门，傲为聚恶之府】

出处：清·申居郧《西岩赘语》

释义：恭敬是进入德行的门户，骄傲是招来恶果的府第。

【傲当矫之以谦，肆当矫之以谨】

出处：清·金缨《格言联璧·存养》

释义：骄傲应以谦虚来矫正，放肆应以谨慎来矫正。

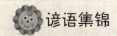 谚语集锦

【鲁班门前弄大斧】

　　释义：在鲁班面前舞弄斧子。比喻在行家面前卖弄本领。
鲁班：古代巧匠。

【虚心的人总是学十当一，自满的人总是学一当十】

　　释义：虚心的人学了很多却总觉得学得很少，自满的人学了
一点就觉得学了很多。说明真正好学的人永不自满。

【高者不说，说者不高】

　　释义：道德高尚的人不炫耀自己，炫耀自己的人很少有高尚
品德的。说明谦虚的人不愿意夸耀自己。高：道德水平高。

【满招损，谦受益】

　　释义：骄傲自满会招来损失，谦虚是对人有益的。

【自称好，烂稻草】

　　释义：夸耀自己好，其实自己是一堆烂稻草（无真实本领）。
说明人要谦虚。

【不怕不足，只怕满足】

　　释义：不怕不知足，只怕太满足。说明人要积极进取，不满
足是进取的动力。

【谦虚日久人人爱，骄傲日久人人憎】

　　释义：谦虚的人，时间长了人人都喜欢；骄傲的人，时间长
了人人都憎恶。

【水深河寂静，博学人谦逊】

　　释义：河水越深表面越平静，知识越渊博的人越谦虚。

【人一骄傲，难免摔跤】

　　释义：人一旦骄傲起来，难免要犯错。

【整瓶不摇半瓶摇】

　　释义：比喻有真才实学的人倒谦虚，浅薄的人反而喜欢炫耀
自己。

【世间无一件可骄人之事】

释义：世间没有一件事情是可以骄傲于人的。指人在任何时候都不能骄傲。

【得胜的猫儿欢似虎】

释义：胜利归来的小猫高兴得像老虎。形容由于取得了胜利而得意忘形，自以为了不起。

【受恩深处宜先退，得意浓时便可休】

释义：得到恩惠太多时应该退让，称心如意时不要过于骄傲自满。

【居高视下真君子，将有视无大丈夫】

释义：身居高位而能体察下情的人，真正具有德行和知识，能对现有的成绩感到很不满意的人，才是男子汉大丈夫。

【不知天高地厚】

释义：不知道天有多高，地有多深。形容骄狂无知，不了解客观实际情况，也用以讽刺人盲目自大。

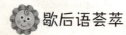 歇后语荟萃

【拉胡子过街——牵须（谦虚）】

释义：指人说话办事谦虚。

【半道上捡个喇叭——有的吹啦】

释义：指人喜欢吹牛。

故事漫谈

"吹牛皮"的说法来自皮筏。人们在屠宰时，先设法剥下羊或牛的整张毛皮，然后经过一系列工序，使之变得松软后用细绳将其缝扎成袋状，只留一个小孔，待吹足气后将小孔封紧，然后再以木板条将数个皮袋串绑起来，皮筏即大功告成。在古代，人们没有打气筒和气泵之类的东西，要想给皮筏充气，只能用嘴吹。羊皮袋体积小，可以用嘴直接吹起。但即便是羊皮袋，一般也只有体格非常健壮、肺活量很大的人才能吹得起。而牛皮袋子由于

体积过大，直接用嘴是吹不起来的。因此，在黄河上游一带，如果有人说他能吹起牛皮袋子，就会被人们认为是在说大话；而那里的居民在不耐烦别人的夸口言行时，也往往会对其说："你有本事就到黄河边上去吹牛皮好了！"久而久之，"吹牛皮"就逐渐成了"夸口、说大话"的代名词，并逐渐流传开来。

【头顶上长眼睛——旁若无人】

释义：身旁好像没有人。形容态度傲慢，自高自大，不把别人放在眼里。

【萤火虫落在秤杆上——自以为是】

释义：总以为自己是对的。形容自我认识主观，不虚心。是：对。

【月亮底下看影子——夜郎自大】

释义：比喻人无知而又狂妄自大。夜郎：汉代西南地区的一个小国。

【八王爷上金銮殿——大摇大摆】

释义：走路时身子摇摇摆摆。形容自以为了不起的傲慢神态。

【八仙吹喇叭——神气十足】

释义：比喻扬扬自得或傲慢无礼的表情。

【搭起戏台卖螃蟹——买卖不大，架子倒不小】

释义：指人能耐不大，排场、派头却不小。常用于讽刺。架子：本指用材料搭起来的支撑物体的构架，这里指人的架势。

【关夫子面前耍大刀——不自量力】

释义：比喻人过高估计自己的能力，殊不知人外有人，往往容易受到挫折。常用于讥讽自视过高的人。关夫子是对三国时蜀汉大将关羽（字云长）的尊称。大刀：指关羽使用的青龙偃月刀。

【口袋里装锥子——锋芒毕露】

释义：指人爱表现自己，或把自己的才干全都外露。锋芒毕露，既指刀剑等利器的刃或尖完全露出来，又指将人的才干都显露出来。毕：完全，尽。

【落水进龙宫——得意忘形】

　　释义：指高兴得忘乎所以。龙宫：神话传说中龙王居住的宫殿。

【孔雀的尾巴——翘得太高了】

　　释义：比喻特别骄傲。

【斗赢了的公鸡——神气活现】

　　释义：自以为了不起而显示出来的得意和傲慢的样子。

第五篇

大情大爱行天下

第一章　爱我中华

中华民族有着悠久的爱国主义传统。无论身在何方，中华儿女始终关注祖国前途，维护国家独立，誓死反击敌人侵略，积极参与祖国建设。

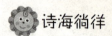 诗海徜徉

【胡马依北风，越鸟巢南枝】

出处：汉·无名氏《古诗十九首·行行重行行》

释义：北方的马依恋北风，南方的鸟巢筑于向南的树枝。比喻人很难忘记故土。胡：我国古代西北部少数民族的统称。越：百越，我国古代对南部和东南部各民族的统称。

【捐躯赴国难，视死忽如归】

出处：三国·魏·曹植《白马篇》

释义：为了挽救国家的危难，投身于锋利的刀刃中，把死亡看作回家一样。捐躯：牺牲生命。

【闲居非吾志，甘心赴国忧】

出处：唐·崔植《杂诗六首》

释义：安闲的生活不是我的愿望，我心甘情愿为国分忧。

【中夜四五叹，常为大国忧】

出处：唐·李白《经乱离后天恩流夜郎忆旧游书怀赠江夏韦太守良宰》

释义：夜不能寐，常为国家的前途叹息担忧。

【王师北定中原日，家祭无忘告乃翁】

出处：宋·陆游《示儿》

释义：当国家的军队向北收复了中原的那一天，你在家一定要祭祀告诉你的父亲我啊！

【位卑未敢忘忧国，事定犹须待阖棺】

出处：宋·陆游《病起书怀》

释义：虽然官位低下，却从未敢忘忧虑国事，但是若想实现我的理想——统一国家大业，恐怕只有在我死后才可能有定论了。

【两鬓多年作雪，寸心至死如丹】

出处：宋·陆游《感事六言》

释义：两鬓在很多年以前就已经变白了，但我的爱国之心到死的时候也还是像丹砂一样鲜红。

【人生自古谁无死，留取丹心照汗青】

出处：元·文天祥《过零丁洋》

释义：自古以来，人终不免一死！但死得要有意义，倘若能为国尽忠，死后仍可光照千秋，青史留名。"丹心"是指赤红炽热的内心，一般以"碧血丹心"来形容为国尽忠的人。

【但令身未死，随力报乾坤】

出处：元·文天祥《即事》

释义：只要自己的身体没有老死，就竭尽全力报效国家。

【臣心一片磁针石，不指南方不肯休】

出处：元·文天祥《扬子江》

释义：我的心像一块磁石，不指向南方就不会罢休。南方：指当时宋王朝中央政权在南方。

【但愿苍生俱饱暖，不辞辛苦出山林】

出处：明·于谦《咏煤炭》

释义：煤炭为了给人们以温暖，不辞辛苦地从山林里被开掘出来。比喻献身国家和人民的人具有博大的胸怀。

【我自横刀向天笑，去留肝胆两昆仑】

出处：清·谭嗣同《狱中题壁》

释义：面对死亡，我横刀向天大笑，为了国家，离开的和留下的志士仁人们的精神都永远像昆仑山一样崇高。

【寸寸山河寸寸金，瓜离分裂力谁任】

出处：清·黄遵宪《赠梁任父母同年》

释义：每一寸祖国的山河都像一寸金子一样珍贵。祖国将遭到帝国主义瓜分，有被分裂的危险，谁能担负起救国大任呢？

【不忧一家寒，所忧四海饥】

出处：清·魏源《偶然吟》

释义：不为自己一家的挨冻而发愁，担心的是天下人民受饥挨饿。

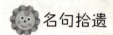 名句拾遗

【苟和国家，不求富贵】

出处：《礼记·儒行》

释义：如果对国家有利，就不会考虑自己的金钱地位。

【利于国者爱之，害于国者恶之】

出处：《晏子春秋·内篇谏上》

释义：对国家有利的人就热爱他，对国家有害的人就憎恨他。

【鞠躬尽瘁，死而后已】

出处：三国·蜀·诸葛亮《后出师表》

释义：（我）对国家恭敬效忠，竭尽全力为国家做事，一直到死才停止。

【匈奴未灭，无以家为】

出处：西汉·司马迁《史记·卫将军骠骑列传第五十一》

释义：匈奴尚未消灭，哪有心思顾家呢？灭：消灭。

【国而忘家，公而忘私】

出处：东汉·班固《汉书·贾谊传》

释义：为了祖国利益忘记了自己的小家，为了公众的利益而忘了个人的利益。

【国耻未雪，何由成名】

出处：唐·李白《独漉篇》

释义：国家蒙受的耻辱尚未洗刷，谈什么个人的名声。

【安得广厦千万间，大庇天下寒士俱欢颜，风雨不动安如山】

出处：唐·杜甫《茅屋为秋风所破歌》

释义：如何才能够拥有千万间的宽敞房子，让天底下那些贫穷的人不再受冻，大风大雨也无所畏惧？

【先天下之忧而忧，后天下之乐而乐】

出处：北宋·范仲淹《岳阳楼记》

释义：在天下人忧愁之前先忧愁，在天下人快乐之后才快乐。体现了一种忧国忧民，先人后己的高尚情怀。

【了却君王天下事，赢得生前身后名】

出处：宋·辛弃疾《破阵子·为陈同甫斌壮词以寄之》

释义：完成恢复中原的大业。我要博得生前和死后为祖国、民族建立不朽功勋的美名。字里行间洋溢着爱国激情。

【祖宗疆土，当以死守，不可以尺寸与人】

出处：元·脱脱等《宋史·李纲传》

释义：祖先传下来的领土，只能够用生命来保卫，绝不将一寸土地让敌人占领。

【丈夫所志在经国，期使四海皆衽席】

出处：明·海瑞《樵溪行送郑一鹏给内》

释义：男子汉大丈夫志在为治理国家出力献身，所希望的是让全天下的人都过上舒适的生活。

【天下兴亡，匹夫有责】

出处：清·顾炎武《日知录》

释义：国家、民族的兴衰成败，我们每一个人都有责任。

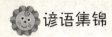 谚语集锦

【家贫出孝子，国乱识忠臣】

释义：在家庭贫困的时候，才能发现真正的孝子；在国家危

难的时刻，才能识别真正的忠臣。孝子：对父母孝敬的子女。国乱：国家遭遇动乱变难。忠臣：忠于君主的官员。

【国强民也富，国破家也亡】

释义：国家强大了人民才会富裕，国家灭亡了家庭也不再完整。

【尽忠报国，尽孝守家】

释义：为国家竭尽忠诚，牺牲一切；为家庭遵守孝道，保护家人。

【家乡水甜入心，十年不改旧乡音】

释义：喝了家乡水，心里十分甜蜜，离家十年也不改变乡音。形容对家乡、祖国的眷恋。

【树高不离土，叶落仍归根】

释义：树木高大不离开大地，叶子掉落仍旧回到树木的根部。比喻人老了终究要回到自己的家乡故土。

【宁恋家乡一撮土，不恋他国万两金】

释义：宁愿怀念家乡的一小堆土，也不贪恋别的国家的万两黄金。撮（cuō）：量词。比喻对祖国的依恋和热爱之情。

【家和日子旺，国和万事兴】

释义：家庭和睦，日子就过得红火；国家太平，一切都会兴旺。

【国有国法，家有家规】

释义：国家有国家的法律，家庭有家庭的规矩。比喻爱国就要做到遵法守法。

【倦鸟思林，人老思家】

释义：飞行疲倦的鸟儿思恋树林，上了年纪的人想念家乡。

【舍命才算真豪杰，爱国方成大丈夫】

释义：为正义牺牲的人才算是英雄，衷心爱国的人才算有大志、有作为、有气节的男子。

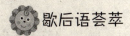 歇后语荟萃

【剖腹献肝胆——死尽忠心】

　　释义：比喻忠诚于人民，忠诚于国家。

【孙悟空保唐僧——忠心耿耿】

　　释义：形容非常忠诚。耿耿：诚信的样子。

【树高千丈——叶落归根】

　　释义：比喻最终也要有个归宿。

第二章　亲情暖心

　　无论父母怎样对你，你只要记住一点，父母永远是爱你的；无论兄弟姐妹之间发生怎样的矛盾，你只要记住一点，血浓于水。无论走到哪里，他们都是自己最亲的人。

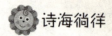 诗海徜徉

【兄弟阋于墙，外御其侮】

　　出处：《诗经·小雅·常棣》

　　释义：兄弟们虽然在家里争吵，但能一致抵御外人的欺侮。阋：争吵。墙：门屏。形容在困难之时，方显兄弟情义。

【凡今之人，莫如兄弟】

　　出处：《诗经·小雅·常棣》

　　释义：在当今世界上，没有人比兄弟更亲睦的。

【常棣之华，鄂不韡韡】

　　出处：《诗经·小雅·常棣》

　　释义：常棣花开灿烂，是靠花托的相互联结支持。喻兄弟之情。常棣（dì）：木名。果实像李子而较小。花两三朵为一缀，茎长而花下垂。诗人将常棣的花比作兄弟，或许因其每两三朵彼此相依，所以有此联想。鄂不：花萼与花蒂。韡韡（wěi）：光辉。

【无父何怙，无母何恃】

　　出处：《诗·小雅·蓼莪》

　　释义：没有父亲，谁来保护我？没有母亲，谁来照顾我？

【本是同根生，相煎何太急】

　　出处：三国·魏·曹植《七步诗》

　　释义：本来我们就是在同一条根上生长出来，你（兄弟）为什么要这样步步紧逼呢？

【独在异乡为异客，每逢佳节倍思亲】

出处：唐·王维《九月九日忆山东兄弟》

释义：一个人在他乡做客，孤单寂寞，每遇节日，见别人家欢聚一堂，就更思念亲人。

【物以稀为贵，情因老更慈】

出处：唐·白居易《小岁日喜谈氏外孙女孩满月诗》

释义：物品因稀少而珍贵，人到老年，就会更加疼爱孙辈。

【老妻画纸为棋局，稚子敲针作钓钩】

出处：唐·杜甫《江村》

释义：相伴多年的妻子在纸上画着棋盘，年幼的儿子敲弯了钢针要做成鱼钩。诗句表现出一家人悠闲安逸的生活。

【一间茅屋何所值，父母之乡去不得】

出处：唐·王建《水夫谣》

释义：这一间破旧的茅屋能值几个钱，但这是父母生我养我的地方，所以我才舍不得离开。

【兄弟敦和睦，朋友笃信诚】

出处：唐·陈子昂《座右铭》

释义：兄弟之间要崇尚和睦，朋友之间要注重诚信。

【柳下笙歌庭院，花间姊妹秋千】

出处：宋·晏几道《破阵子》

释义：在庭院的柳树下一起弹琴唱歌，在花丛中姐妹几人一起荡秋千。

【暗中时滴思亲泪，只恐思儿泪更多】

出处：清·倪瑞璿《忆母》

释义：自己常暗地里因思念自己的母亲而流泪，只恐怕母亲思念自己的泪水会流得更多。

【父书空满筐，母线萦我襦】

出处：清·史骐生《写怀》

释义：父亲用大道理教育我，不如母亲对我细微的关怀。

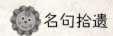 名句拾遗

【知子莫若父，知臣莫若君】

　　出处：《管子·大匡》

　　释义：没有比父亲更了解自己儿子的人了，没有比君王更了解自己臣子的人了。

【爱子，教之以义方，弗纳于邪】

　　出处：春秋·鲁·左丘明《左传·隐公三年》

　　释义：疼爱子女，就要用高尚的道义来教育他，而不要让他接纳邪恶的东西。

【父母之爱子，则为之计深远】

　　出处：《战国策·赵策》

　　释义：父母疼爱自己的孩子，就要为他们做长远的打算。

【慈母有败子，小不忍也】

　　出处：汉·桓宽《盐铁论》

　　释义：仁慈的母亲出了败家子，原因是从小就不忍心严加管教。

【兄弟者，分形连气之人也】

　　出处：北齐·颜之推《颜氏家训》

　　释义：兄弟，是形体难分而气质相连的人。

【娣姒者，多争之地也】

　　出处：北齐·颜之推《颜氏家训》

　　释义：妯娌之间，纠纷最多。说明妯娌之间要保持一定距离，多忍让对方的一些缺点。姒（sì）：古代称丈夫的嫂子。娣（dì）：古代称丈夫弟弟的妻子。

【孤犊触乳，骄子骂母】

　　出处：南朝·宋·范晔《后汉书·仇览传》

　　释义：一胎只生一个的牛仔子，吃奶时用力冲撞母牛的奶，

娇宠坏了的孩子会骂父母。小牛吃奶时用力冲撞母牛的奶，是为了汲取奶汁，并无故意顶撞母亲的意思，由此联想到骄子对父母的顶撞，说明了对独生子过于溺爱，只会助长其骄恣，结果反受其害的道理。

【兄之所贵者，友也；弟之所贵者，恭也】

　　出处：宋·朱熹《家训》

　　释义：当兄长所珍贵的是"友"，爱护弟弟。当弟弟所珍贵的是"恭"，尊敬兄长。

【爱其子而不教，犹为不爱也】

　　出处：明·方孝孺《行善戒》

　　释义：（父母）疼爱子女而不教育他们，就等于不爱子女。意指疼爱儿女但不能忽视教育。犹：仍然。

【亲兄弟折箸，璧合翻作瓜分】

　　出处：明·陈继儒《小窗幽记》

　　释义：亲兄弟如果不团结，就如同价值连城的一组美玉分散开来，其真正的价值荡然无存。

【兄道友，弟道恭，兄弟睦，孝在中】

　　出处：《三字经》

　　释义：做哥哥的讲友爱，做弟弟的知道恭敬，兄弟和睦，孝就体现在其中了。

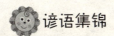 谚语集锦

【人生最苦是别离】

　　释义：人生最痛苦的事就是与亲人分离。

【儿行千里母担忧】

　　释义：儿女出门远，做母亲的总是放心不下。形容母爱真挚深情。

【儿大不由娘】

　　释义：子女大了，父母管束不住。

131

【独子得惜】

释义：独生子最受父母爱惜。

【不要金玉重重贵，但愿儿孙都成人】

释义：不求金银珠宝越多越好，但愿子孙个个都有出息。

【恨铁不成钢】

释义：比喻对所期望的人不争气而感到焦急不满。多形容父母对孩子的期望得不到实现。

【慈母爱子，非为报也】

释义：母亲疼爱孩子，不是为求孩子的报答。

【一畦萝卜一畦菜，谁的孩子谁不爱】

释义：一块萝卜地一块菜地，谁不疼爱自己的孩子。畦（qí）：田园中分成的小区。

【好男不要祖业，好女不要嫁衣】

释义：好男儿不要祖上留下来的财产，好女孩不要母亲做的嫁衣。旧时家庭多儿女，父母负担沉重。比喻好儿女要自力更生，不要盯着上辈有限的财产。要：引申为继承。祖业：祖上留下的财产。嫁衣：嫁妆。

【打虎亲兄弟，上阵父子兵】

释义：形容完成生死攸关的大事，最可靠的合作者还是自己的血亲。

【兄弟相害，不如友生】

释义：兄弟之间相互危害，还不如一个朋友。比喻相互惜缘，要珍视亲情。

【打死打活亲兄弟，煮粥煮饭加把米】

释义：打起架来你死我活，如同死敌，但毕竟是永远打不散的亲兄弟。这种争吵实在是生活中的小事情，正如煮粥还是煮饭，就在于多加少加一把米那样的细微和不值一谈。

【亲兄弟，明算账】

释义：虽是亲兄弟，但在经济上一定要结算分明。明：分明，公开。算账：清算经济往来。

【兄弟相打看娘面，千朵桃花一树艳】

释义：兄弟之间只要看在母亲面子上就不必吵架动手，须知兄弟本来就如同一株桃树上的花朵一样同根共荣。相打：打架。一树：如同一株树。艳：美丽，鲜艳。

【种田不熟不如荒，养儿不肖不如无】

释义：辛苦种田，如果没有成熟收获，倒不如让它荒废好了；养个儿子，如果不肯学好，还不如干脆不养。

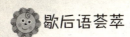 歇后语荟萃

【田头训子——言传身教】

释义：既用言语来教导，又用行动来示范。指行动起模范作用。言传：用言语讲解、传授。身教：以行动示范。

【八百亩地一根苗儿——娇贵无比】

释义：本指八百亩大的地里长出来的一棵苗，十分宝贵，现指因为稀少而受到过度珍视和爱护，尤其是父母对子女的疼爱。

【白菜叶子炒大葱——亲（青）上加亲（青）】

释义："亲"与"青"谐音。比喻特别友好，关系亲密无间，心心相连。

【豆腐跌到灰渣坡——吹吹不得，打打不得】

释义：豆腐掉在了灰渣里，越吹豆腐上的灰渣越多，越打豆腐碎得越快。形容父母对孩子十分疼爱，既不舍得打，也不舍得骂。

【大水冲了龙王庙——一家人不认识一家人】

释义：比喻本是自己人，因不相识而相互发生了冲突争端。

【胳膊肘往外拐——吃里爬外】

释义：胳膊肘往外拐的时候，手也随着向外，比喻不向着自家人而向着外人。

【寿星的脑袋——宝贝疙瘩】

　　释义：寿星的脑门凸起，是长寿的象征，所以叫宝贝疙瘩。比喻珍贵的东西或人。

【老太太吃黄连——苦口婆心】

　　释义：比喻善意而又不厌其烦地劝导。苦口：不厌其烦地劝说或开导。婆心：善意，好意。

第三章　友谊长存

人生离不开友谊，但要得到真正的友谊最不容易。友谊需要用忠诚去播种，用热情去灌溉，用思念去培养，用谅解去护理。正所谓酒越陈越香，友谊则越久越甘甜。

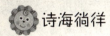 诗海徜徉

【故人故情怀故宴，相望相思不相见】

出处：唐·王勃《寒夜怀友杂体二首》

释义：（我）思念着过去的朋友、昔日的感情，以及往日的聚宴，朋友们遥遥相望、彼此怀念，却不得相见。

【同是天涯沦落人，相逢何必曾相识】

出处：唐·白居易《琵琶行》

释义：都是遭遇不幸的人，如今在此相逢，又何必在乎我们似曾相识呢？

【海上生明月，天涯共此时】

出处：唐·张九龄《望月怀远》

释义：宽阔无边的大海上升起一轮明月，远在天涯海角的友人，此时此刻他也一定和我望着同一轮明月。表达作者对友人的思念。

【请君试问东流水，别意与之谁短长】

出处：唐·李白《金陵酒肆留别》

释义：请你问问这滚滚向东的流水，到底是它长还是我对你依依惜别的情谊长？

【浮云游子意，落日故人情】

出处：唐·李白《送友人》

释义：空中那飘浮不定的浮云，宛如你这行踪不定的游子；

迟迟不去的落日深切地依恋着大地，就像我这位老朋友对你依依难舍的离情。

【桃花潭水三千尺，不及汪伦送我情】

出处：唐·李白《送友人》

释义：桃花潭的水有几千尺深，也比不上汪伦对我的情谊深厚。

【人生结交在终结，莫为升沉中路分】

出处：唐·贺兰进明《行路难五首》

释义：人这一辈子结交的朋友，就要始终如一。千万别为了中途的自我升迁、落魄就分道扬镳。

【镜破不改光，兰死不改香】

出处：唐·孟郊《赠崔纯亮》

释义：镜虽破，其光不改；兰虽死，其香不变。喻指友情深挚，坚贞不渝。

【惟当金石交，可以圣在达论】

出处：唐·孟郊《审交》

释义：只有像金石那样坚固的交情，才可以算得上是高尚的友谊。

【有情不管别离久，情在相逢终有期】

出处：宋·晏几道《秋蕊香》

释义：只要友情常在，就不要害怕离久别长；只要友情坚定，总会有相逢的一天。

【万世倏忽如疾风，莫以君车轻戴笠】

出处：宋·孔平仲《送张天觉》

释义：时间像疾风一样一晃就过去了，希望你富贵以后不要看不起贫贱的老朋友。

【须知胜友真良药，莫作寻常旅聚看】

出处：明·瞿式耜《瞿式耜集·留别不帆·即用前韵》

释义：要知道敢于指出你缺点的朋友，就像良药可以治病，你不要把这种朋友看成萍水相逢的人。

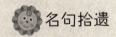 名句拾遗

【君子之接如水，小人之接如醴】

出处：《礼记·表记》

释义：君子交往不用虚言，像水那样清澈；而小人相交用辞藻来掩饰，像酒醴那样甜蜜。

【四海之内，皆兄弟也】

出处：《论语·颜渊》

释义：普天之下，到处都是兄弟。

【久要不可忘，薄终义所尤】

出处：三国·魏·曹植《箜篌引》

释义：老朋友是不能忘记的，结交朋友有始无终是不容许的。

【士之相知，温不增华，寒不改叶，贯四时而不衰，历夷险而益固】

出处：三国·蜀·诸葛亮《论交》

释义：有修养的人之间彼此深交而心息相通时，就好比花木，温暖时也不会多开花，寒冷时也不会改变叶子的颜色，能够经历一年四季而不衰败，经历艰险却日益牢固。比喻真正的友谊经得起任何考验，历久不变。华：花。夷：平地。

【贫贱之知不可忘】

出处：南朝·宋·范晔《后汉书·宋弘传》

释义：在贫贱时结交的朋友不能忘掉。

【贫游不可忘，久交念敦敬】

出处：南朝·宋·鲍照《与伍侍郎别》

释义：在困难时结交的朋友不可忘记，这样的交情时间越长越觉得令人敬佩。

【君子淡如水，岁久情愈真】

出处：明·方孝孺《逊志斋集·朋友》

释义：君子之间的友谊像水一样清淡，但时间愈久愈见真情。

【数年相交，久已心心相印】

出处：清·尹会一《答刘古衡书》

释义：相交多年，如今彼此契合，心意相投。比喻朋友间的深情厚谊。

【平日若无真义气，临时休说死生交】

出处：元末明初·施耐庵《水浒传》

释义：如果平时的交情是虚伪的，那在关键时刻怎能经得起考验呢？

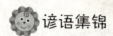 谚语集锦

【人生何处不相逢】

释义：指人与人分手后总是有机会再见面的。

【送君千里，终须一别】

释义：送人送得再远，最后也要分别。

【千里搭长棚，没有不散的筵席】

释义：比喻事物有兴有衰，都有结束的时候。

【文情不厌新，交情不厌陈】

释义：写文章的立意越新越好，而朋友间的友谊则是越久越深。

【一贵一贱，交情乃见；一死一生，乃见交情】

释义：贫富、生死关头，才能考验出朋友交情的深浅。

【酒逢知己千杯少，话不投机半句多】

释义：遇上知心朋友，喝千杯酒还嫌少，两个人彼此不相投合，说半句话也是多余的。投机：意气契合。

【有福同享，有难同当】

释义：有福一起享受，有困难一起担当。难：困难，灾难。

【真金不怕红炉火】

释义：真金经红炉火的冶炼，本色不变。比喻经得起严峻的考验。

歇后语荟萃

【冰糖煮黄连——同甘共苦】

释义：冰糖是甜的，黄连是苦的，合在一起煮，有甜有苦。比喻有福同享，有难同当。

【千里送客——总有一别】

释义：比喻总有离开的时候。

【一张席子睡两人——情同手足】

释义：交情很深，如同兄弟一样。手足：比喻兄弟。

【三人买一股香磕头——难兄难弟】

释义：形容共过患难的人或彼此处于同样困境的人。

【要饭的拜把子——患难之交】

释义：形容在一起经历过艰难困苦的朋友。交：交情，朋友。

【岔路上分手——各奔前程】

释义：比喻各人按不同的志向，寻找自己的前途。奔：投向，奔往。前程：前途。

【裁缝搬家——依依（衣衣）不舍】

释义："衣"与"依"同音。形容舍不得离开。依依：依恋的样子。舍：放弃。

【华容道上放曹操——不忘旧情】

释义：比喻不忘当年的恩情。

故事漫谈

孙权和刘备联盟在赤壁打败曹操八十三万大军后，诸葛孔明料定曹操败军会经乌林方向逃回自己的大本营许都，而乌林地带位于刘备当时的控制范围内。作为孙刘联盟的刘备一方，此时不可能袖手旁观，定要阻止曹操顺利通过乌林回到许都。因此，在赤壁大战打响的前夜，孔明便开始调兵遣将，准备追堵曹军。但是，后来的结果却是：曹操虽然被关羽堵截于华容道，但关公仍念过去在曹营中享受曹操的优待恩德，最终将曹操放走了。

第四章 豆蔻情愫

早在远古时代，人们就演绎着轰轰烈烈的爱情。其中既有彼此的眷恋，又有甜蜜的回忆，既有对心上人至死不渝的表白，更有对爱情从一而终的宣言。在爱情的世界里，虽然有争吵、有苦楚，但更多的是温馨和浪漫。

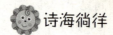 诗海徜徉

【窈窕淑女，君子好逑】

出处：《诗经·国风·周南》

释义：那娇柔美好的女子，是男子理想的配偶。窈窕（yáo tiǎo）：内心、外貌美好的样子。淑：好，善。君子：这里指女子对男子的尊称。逑（qiú）：配偶。

【执子之手，与子偕老】

出处：《诗经·邶风·击鼓》

释义：牵着你的手，和你一起白头到老。执：牵着。偕：一起，共同。

【山无陵，江水为竭，冬雷震震，夏雨雪，天地合，乃敢与君绝】

出处：汉·《乐府民歌·上邪》

释义：高山变平地，江水枯竭，冬天打雷，夏天下雪，天与地合二为一，只有到那时（我）才敢与你分开。

【得成比目何辞死，愿作鸳鸯不羡仙】

出处：唐·卢照邻《长安古意》

释义：如果能像比目鱼那样成双成对，就算死也不推辞；如果能像鸳鸯那样相伴一生，即使是神仙生活也不羡慕。比目：鱼名，出则成双成对，古人用以代指男女相爱者。鸳鸯：一种美丽的水鸟，双双对对，据说只要捉到其中一只，另一只会相思至死。

【花红易衰似郎意，水流无限似侬愁】

出处：唐·刘禹锡《竹枝词》

释义：美好的花容易凋谢，就像情郎对我的爱意，而我对你的浓浓情愁就像这滔滔不绝的流水。说明对心爱的人有割舍不断的情谊。

【东边日出西边雨，道是无晴却有晴】

出处：唐·刘禹锡《竹枝词》

释义：东边阳光灿烂西边阴雨绵绵，原以为是无晴（情）实则还有晴（情）。

【在天愿作比翼鸟，在地愿为连理枝】

出处：唐·白居易《长恨歌》

释义：在天上愿做一对比翼鸟，在地上愿为两棵枝干相交的大树。比翼鸟：中国古代传说中的鸟名。此鸟仅一目一翼，雌雄须并翼飞行，古典诗词中常用作对恩爱情侣的比喻。连理枝：指两棵树的枝干合生在一起，多比喻恩爱情侣。

【春风十里扬州路，卷上珠帘总不如】

出处：唐·杜牧《赠别》

释义：看遍扬州城十里长街的青春佳丽，卷起珠帘（看帘下穿红衣翠袖的美人），又有哪一个比得上我心中的她呢？

【身无彩凤双飞翼，心有灵犀一点通】

出处：唐·李商隐《无题》

释义：身上没有彩凤那双可以飞翔的翅膀，心灵却像犀牛角一样，有一点白线可以相通。这句诗真真切切地告诉了相爱的人：即使离得再远，心有灵犀，彼此思念，也不会影响情感。灵犀：古称犀牛角有白纹如线贯通两头，感觉灵敏，有种种神异作用。

【曾经沧海难为水，除却巫山不是云】

出处：唐·元稹《离思五首·其四》

释义：经历过无比深广的沧海的人，别处的水再难以吸引他，除了云蒸霞蔚的巫山之云，别处的云都黯然失色。比喻人们对爱情从一而终。

【愿作贞松千岁古，谁论芳槿一朝新】

出处：唐·刘希夷《公子行》

释义：（对爱情）我要像青松那样永葆坚贞的节操，谁稀罕朝开夕落、新鲜一时的木槿（jǐn）花呢？

【春蚕到死丝方尽，蜡炬成灰泪始干】

出处：唐·李商隐《无题》

释义：春蚕到死吐丝方尽，蜡烛燃尽泪才流干。比喻对所爱的人至死不渝的深情，无穷无尽的别恨和思念。现在常用来表示对坚贞的爱情的宣誓。

【落花人独立，微雨燕双飞】

出处：宋·晏几道《临江仙》

释义：花瓣飘落，一个人孤零零地站在院子里，（此时）天下着小雨，燕子成双成对地在空中飞行。比喻渴望出双入对的甜蜜爱情。

【天涯地角有穷时，只有相思无尽处】

出处：宋·晏殊《玉楼春》

释义：天地的尽头总是有限度的，可是（我的）思念之情好像无止无尽，绵绵不绝。

【两情若是久长时，又岂在朝朝暮暮】

出处：宋·秦观《鹊桥仙》

释义：如果两个人的情意长久，又何必时时刻刻厮守在一起呢？

【此情无计可消除，才下眉头，却上心头】

出处：宋·李清照《一剪梅》

释义：这种相思之情是没有办法消除的，皱着的眉头方才舒展，而思绪又涌上心头。

【问世间情为何物，直教生死相许】

出处：金·元好问《摸鱼儿·雁丘词》

释义：问世间的爱情到底是什么？只能令人生死都无法忘却！

【色不迷人人自迷，情人眼里出西施】

出处：清·黄增《集杭州俗语诗》

释义：美色本身没有迷惑力，而是人自身沉醉于其中。对自己所爱的人，她就像西施一样貌美动人，十分完美。西施：春秋末年越国美女，后多为美女的代称。

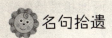 名句拾遗

【士为知己者死，女为悦己者容】

出处：《战国策·赵策一》

释义：志士为了解自己的人而牺牲，女子为喜欢自己的人而打扮。知己者：了解自己、信任自己的人。悦：喜欢，欣赏。容：化妆，打扮。

【相思之甚，寸阴若岁】

出处：唐·李延寿《北史·韩禽传》

释义：人在极度相思的时候，真是度日如年。

【落花有意随流水，流水无心恋落花】

出处：宋·释惟白《续传灯录·温州龙翔竹庵士珪禅师》

释义：凋落的花瓣有意随着流水一起漂去，（但是）流水却无心眷顾落花（，始终向前流淌）。现多比喻一方有意，一方无情。

【新啼痕压旧啼痕，断肠人忆断肠人】

出处：元·王实甫《十二月过尧民歌·别情》

释义：旧的泪痕还没有干，新的泪痕又淌下来了，（此刻）伤心的人正思念另一伤心的人。比喻离别的情人肝肠寸断，彼此思念。

【有缘千里来相会，无缘对面不相逢】

出处：元末明初·施耐庵《水浒传》

释义：如果有缘分，即使是相隔千里最终也能相会；如果没有缘分，即使面对面也不认识。

【做买卖不着，只一时；讨老婆不着，是一世】

出处：明·冯梦龙《喻世明言》

释义：做生意不如意，只不过影响一时的生活；娶的老婆不如意，则影响人的一生。

【三百六十病，唯有相思苦】

出处：明·冯梦龙《醒世恒言》

释义：三百六十病，两地相思是最痛苦的。

【痴虫儿自吐柔丝缚万遭】

出处：清·孔尚任《桃花扇》

释义：蚕虫吐丝把自己捆缚起来，比喻盲目追求爱情反而会把自己束缚。

【都道是金玉良缘，俺只念木石前盟】

【出处】清·曹雪芹《红楼梦》

【释义】都说宝钗和宝玉相配才是美好的姻缘，我只念念不忘和黛玉的前世之盟。金玉：既有贵重的意思，同时指宝钗和宝玉。木石：和金玉相对，指林黛玉和宝玉。

【叹人间美中不足今方信，纵然是举案齐眉，到底意难平】

【出处】清·曹雪芹《红楼梦》

【释义】可叹啊！我今天才相信人世间美好的事情总有不足。纵然宝钗像汉代的孟光一样贤惠，也不能消除我对林妹妹的一片深情。比喻对心上人念念不忘。

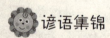 谚语集锦

【不是冤家不聚头】

释义：不是前世结下的冤孽，今世就不会聚在一起。冤家：仇人，又用作对所爱的人的昵称，意思是指仇人或情人总是会碰到一起。聚头：聚会。

【痴心女子负心汉】

释义：痴情的女子往往会被薄情的男子欺骗。

【丑是家中宝，可喜惹烦恼】

　　释义：相貌丑的妻子，不会带来麻烦，漂亮媳妇却会招惹烦恼。可喜：指令人喜爱的漂亮女子。

【男子所爱在容貌】

　　释义：旧谓男子爱恋女子多在于女子容貌是否美丽。

【千里姻缘一线牵】

　　释义：即使男女天各一方，只要有缘，最终也会成为夫妻。姻缘：旧谓男女结为夫妻是有缘分的。一线牵：民间传说，人的婚姻是由一位仙人掌管的。凡是命中注定是夫妻的男女，在他们出生时，仙人就用一根红线绳将双方的脚拴住。

【少年夫妻老来伴，一天不见问三遍】

　　释义：夫妻到了老年时，感情愈加深厚，一天不见面都要询问几遍。三：表概数，并非实指。

【易求无价宝，难得有心郎】

　　释义：无价宝容易求得，忠于爱情的男子却难以得到。

【有情人终成眷属】

　　释义：忠于爱情的恋人，最终会结成夫妻。眷属：指夫妻。

【爱不贵亲密，而贵在长久】

　　释义：爱情不在乎如何亲密，而贵在虽然平淡，却能持久。

【爱情买不到，全靠忠诚换】

　　释义：爱情是钱买不到的，全靠真心来换取。

【打是疼，骂是爱】

　　释义：有时候的打骂，实际上是疼爱。

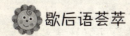 **歇后语荟萃**

【陈世美当驸马——喜新厌旧】

　　释义：比喻对待感情不专一，见异思迁。

故事漫谈

　　北宋年间，一位名叫陈世美的书生，告别妻子和家人到京城赴考，最终考中状元。中状元后本应是接妻子和家人到京城分享喜悦，可是他却贪图繁华富贵，忘恩负义，抛弃糟糠之妻而与公主结婚。丈夫此去几载毫无音信，随着公公的病死，婆婆的饿死，妻子无依无靠，只得历经艰辛，跋涉千里到京城寻夫，但是一心向往荣华富贵的陈世美竟然嘱咐手下对其妻下毒手，幸好手下不忍心，妻子才免于横死。妻子把冤情告到包公那里，包公克服重重阻力，最后怒斩陈世美。

【刘海拉着孟姜女——有哭有笑】

　　释义：说明爱情中有喜有悲，哭和笑是爱情的调味料。

【壁上挂的美人——你爱她，她不爱你】

　　释义：说明爱情要靠双方面的共同努力，需要两情相悦。

【向着太阳的花——爱情（晴）】

　　释义："晴"与"情"同音。比喻男女之间相互爱恋的感情。

【白素贞借伞（司马相如遇文君）——见钟情】

　　释义：指男女之间一见面就产生爱情。钟情：爱情专注。

【木偶跳舞——自有牵线人】

　　释义：比喻为别人介绍男女朋友的中间人，现在也叫"媒人"。

【快刀砍水——难分开】

　　释义：大刀难以阻挡水的流淌。比喻两个人之间的情感深厚，难以拆散。

【见了王母娘娘喊岳母——想娶个天仙女】

　　释义：比喻想娶个美丽非凡的妻子。

【神仙女儿下凡间——天配良缘】

　　释义：比喻天生的一对。

【舍身崖上摘牡丹——生死不顾还贪花】

　　释义：不顾生命危险也要摘取悬崖上的牡丹，比喻为了心爱的人可以不顾一切。

【新栽的杨柳——光杆一条】

　　释义：比喻没有配偶，独身一人。

【女儿国招驸马——一厢情愿】

　　释义：只是单方面的愿望，没有考虑对方是否同意。一厢：单方面。

【张生回头望莺莺——恋恋不舍】

　　释义：原形容极其爱慕，不能丢开。现在多比喻非常留恋，舍不得离开。

【一天一场雨——无情（晴）】

　　释义：比喻没有感情，或不留情。

第五章　桃李芬芳

　　当花儿需要一杯水的时候，绝不送上一桶水；当花儿需要一桶水的时候，绝不给予一杯水。适时、适量地给予，才是一个好园丁的技艺。正因为有了老师，花园才这般艳丽，大地才充满春意！老师，快推开窗子看看吧，这满园春色，这满园桃李，都在向您敬礼！

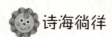 诗海徜徉

【匪面命之，言提其耳】

　　出处：《诗经·大雅·抑》

　　释义：不但当面教育你，而且提着耳朵叮嘱你。匪：不但。成语"耳提面命"源于此，形容教诲殷切。

【诲尔谆谆，听我藐藐】

　　出处：《诗经·大雅·抑》

　　释义：谆谆耐心教导你，你不接受并且态度傲慢。藐（miǎo）：轻视。

【今公桃李满天下，何用堂前更种花】

　　出处：唐·白居易《奉和令公绿野堂种花》

　　释义：现在您已经是桃李满天下的人了，还有必要再在你的院子里种花吗？意思是，您这一辈子培养了许多的人才，现在该歇歇了。

【摇落深知宋玉悲，风流儒雅亦吾师】

　　出处：唐·杜甫《咏怀古迹·其二》

　　释义：默诵草木摇落深知宋玉为何悲秋，他学问渊博，文辞精彩算是我的老师。风流儒雅：指宋玉的文采和学问。

【积德求师何患少，由来天地不私亲】

出处：唐·吕岩《答僧见》

释义：能够虚心求师努力积德的人，就不怕没有崇高的名声，天地从来就不会偏心的。

🌻 名句拾遗

【国将兴，必贵师而重傅】

出处：《荀子·大略》

释义：国家想要振兴，必须尊敬教师，并且重视传授专长技术的师傅。

【学莫便乎近其人】

出处：《荀子·劝学》

释义：为学之道，再没有比接近良师更便利的了。说明一个好教师，胜过万本书。尊师敬师，拜师求学，是求知的捷径。

【疾学在于尊师】

出处：《吕氏春秋·劝学》

释义：要很快学得知识和才干，首先在于尊敬老师。

【尊师则不论其贵贱贫富矣】

出处：《吕氏春秋·劝学》

释义：人不论尊贵、卑贱、贫穷、富贵，都应该尊敬老师。

【人不可以不就师矣】

出处：汉·王符《潜夫论·赞学》

释义：人不能没有老师指导学习。就：靠近。

【无贵无贱，无长无少，道之所存，师之所存也】

出处：唐·韩愈《师说》

释义：无论贵贱，无论老少，只要是有道德学问，就可以做老师了。

【凡师之道，严师为难】

出处：《韩诗外传》卷三

释义：学习时最难做到的是尊敬老师。严：尊敬。

【三岁学，不如一岁择师】

出处：《太平御览·人事部》

释义：自己学习三年，不如找老师学一年。说明有老师指引，学习成效大。

【一日为师，终身为父】

出处：《太公家教》

释义：哪怕只教过自己一天的老师，也要一辈子当作父亲看待。比喻十分尊重老师。

【学贵得师，亦贵得友】

出处：明·唐甄《潜书·讲学》

释义：学习要有老师讲授，也要有朋友间的切磋。也可以理解为：学习贵在得到一个好老师，也贵在得到一个好朋友。

【人冀子孙贤，而不敬其师，犹欲养身而反损其衣食也】

出处：清·王卓《今世说》

释义：人人都希望自己的子孙有作为，却不知道重视老师的作用，这就好比想保养自己的身体，但又不穿衣，不吃饭似的。冀：希望。敬：重视。

 谚语集锦

【尊师以重道，爱众而亲仁】

释义：尊敬老师，就要重视知识；热爱人民，就要心存仁爱。

【师父领进门，修行靠自身】

释义：师傅带领你入门，能否学到本领全在于自己。说明学习不能完全依赖老师，主要还靠自己努力。领进门：带领入门，引导启蒙。修行：本义为佛教的个人修炼，引申为一切技艺。

【井淘三遍吃水好，人从三师武艺高】

释义：井多淘几遍就能喝上甘甜的水，人多随从几个老师学习就会变得本领高强。比喻要广泛吸纳，兼收并蓄。吃水：饮用

水。从：师从，从学。

【师父徒弟，推扳三年；老板伙计，差眼本钿】

释义：意为人与人差距不大，自当努力。推扳：本义为驶船时推橹和扳橹，引申为差别。三年：三年满师，即有授徒的资格。本钿：本钱，资本。

【爱徒如爱子，尊师如尊父】

释义：疼爱徒弟像疼爱自己的孩子一样，尊敬老师像对待自己的父亲一样。

【名师出高徒】

释义：高明的师傅一定能教出技艺高的徒弟。比喻学识丰富的人对于培养人才的重要性。

【纵然有志也蹉跎，欠名师指点】

释义：即使是有志于学习，如果没有高明的老师指点，也是浪费时间。

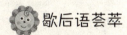 歇后语荟萃

【有王母娘娘带着——不愁上不了天】

释义：比喻有高师带领不愁学不到真本领。

【尊师重道——成大器】

释义：重视老师的教导，才能有所作为。道：指教师指引的应该遵循的道理，也指教师传授的知识。

【一个师父一路拳——各有各的打法】

释义：比喻每个老师都有自己教授学问的方法。

【种黄连的和尚——苦师傅】

释义：说明老师教学很辛苦。

【借花敬神——假恭敬】

释义：比喻用别人的东西做人情。这里指尊敬老师缺乏诚意。

第六章　多彩心情

　　"百病由心生"，心情决定着身体的健康状况。在日常的生活中，牵挂的太多，介意的太多，所以，情绪起起伏伏，使我们离快乐越来越远。让自己的心沉浸在无尽的快乐之中，疾病自然会远离你，这等于是给自己的心加了一层保护网。

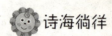 诗海徜徉

【壮志因愁减，衰容与病俱】

　　出处：唐·白居易《东南行一百韵》

　　释义：忧愁能消磨人的壮志，多病便容易使人衰老。

【忧伤能伤人，绿鬓变霜鬓】

　　出处：唐·李白《怨歌行》

　　释义：忧愁能损伤人的身体，使人变老，黑发变成白发。绿鬓：黑色鬓发。年轻人的头发黑而有光，其色似浓绿，故云绿鬓。

【抽刀断水水更流，举杯消愁愁更愁】

　　出处：唐·李白《宣州谢朓楼饯别校书叔云》

　　释义：抽出宝刀去砍流水，水不但没有被斩断，反而流得更猛了。我举起酒杯痛饮，本想借酒排遣烦忧，结果反倒愁上加愁。

【与其有乐于身，孰若无忧于其心】

　　出处：唐·韩愈《送李愿归盘谷序》

　　释义：与其身体享乐，不如内心无忧。

【沉忧损性灵，服药亦枯槁】

　　出处：唐·孟郊《怨别》

　　释义：过分的忧虑会损害人的健康，纵然服药也不顶用。说明人的心情舒畅胜过服药。

【达人识元气，变愁为高歌】

出处：唐·孟郊《孟东野诗集·达士》

释义：通达的人知道保护元气，常常采用放声高歌的方式来驱赶忧愁。

【忍泣日易衰，忍忧形易伤】

出处：唐·孟郊《赠崔纯亮》

释义：忍住自己的眼泪，就会日益衰老；满心忧愁，就会损害自己的健康。

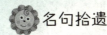 名句拾遗

【天下不如意，恒十居七八】

出处：唐·房玄龄等《晋书·羊祜传》

释义：人世间不满意的事情，往往要占到十分之七八。

【人在阳时则舒，在阴时则惨】

出处：东汉·张衡《西京赋》

释义：人在春夏万物萌生之季，心情就非常舒畅；人在秋冬草木凋零之时，心情就十分感伤。

【乐太盛则阳溢，哀太甚则阴损】

出处：东汉·班固《汉书·东方朔传》

释义：过于高兴就会散溢阳气，过于哀伤就会减损阴气。说明人应当保持情绪稳定，喜怒要有节制，否则就会伤害身体。

【天有阴阳风雨晦明之气，人有喜怒哀乐好恶之情】

出处：唐·魏徵《隋书·经籍志》

释义：天有阴阳风雨白黑之分，人有喜怒哀乐好恶这些情绪。

【嗜欲喜怒之情贤愚皆同，贤者能节之，不使过度；愚者纵之，多至失所】

出处：唐·吴兢《贞观政要》

释义：嗜欲喜怒之情贤人和愚人都同样有，但贤人能节制，不使它超过限度；而愚人则放纵它，往往造成严重后果。

【天下本无事，庸人扰之而烦耳】

出处：宋·宋祁、欧阳修等《新唐书·陆象先传》

释义：本来没有事，自己干着急或自找麻烦。

【甚怒烦性，稍忍即歇】

出处：南朝·梁·沈约《宋书·颜延之传》

释义：怒气太大则扰乱性情，稍微忍耐怒气就会消失。烦：扰乱，打扰。性：性情。歇：消失。

【静则神藏，躁则神夭】

出处：《黄帝内经素问·痹论》

释义：恬静可以保存精力，烦躁则会精神衰损。

【良辰美景奈何天，赏心乐事谁家院】

出处：明·汤显祖《牡丹亭·惊梦》

释义：良辰美景尤在，但快乐的事情却不知在谁家谁院。良辰美景：美好的时光，美妙的景物。赏心乐事：欢畅的心情，快乐的事情。

【无故寻愁觅恨】

出处：清·曹雪芹《红楼梦》

释义：没有原因地寻愁觅恨。

 谚语集锦

【药能医假病，酒不解真愁】

释义：药能医治假病，喝酒却不能解除真正的忧愁。

【心宽出少年】

释义：无忧无虑就会使人年轻。

【人无忧，故自寿】

释义：无忧无愁的人长寿。

【笑一笑，十年少】

释义：大喜大悲都对身体不好，不过时常笑笑对身体还是有好处的。

【多愁添病，多笑减灾】

　　释义：多愁可能会生病，多笑则有利于健康。

【人逢喜事精神爽，月到中秋分外明】

　　释义：人遇到喜事精神爽快，就像月亮到中秋节时分外明亮一样。

【自家心里急，他人未知忙】

　　释义：自己的事自己着急，别人不一定理解你的心情。

【讲讲话话散散心，勿讲勿话生大病】

　　释义：经常说话可以抒发心情，一言不发则容易生病。讲讲话话：有说有话。散散心：放松心情。勿讲勿话：抑郁，不吭声。生大病：可能会带来大的生理和心理异常。比喻心情要开朗。

【祸从口出，病由心生】

　　释义：灾祸从口里产生出来，疾病从心中产生出来。说明人要保持心情舒畅就会身体健康。

【药补食补，不如心补】

　　释义：依靠药物、饮食滋补身体，不如用放松心情的方法来调养身体。

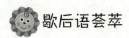 歇后语荟萃

【黑灯笼里点蜡烛——有火发不出】

　　释义：比喻很生气，但是无法发泄出来。

【秋天的野兔子——撒欢】

　　释义：形容因兴奋而连跑带跳，特别活跃。

【哑子结婚——喜不可言】

　　释义：喜悦之情无法用语言表达出来。

【三月里扇扇子——满面春风】

　　释义：三月里扇扇子，一阵阵春风扑面而来。比喻人喜悦舒畅的表情，也形容和蔼愉快的面容。

【林黛玉的性子——多愁善感】

释义：容易发愁和伤感。形容人感情脆弱。善：容易，好。感：伤感。

【八月的石榴——合不上】

释义：农历八月石榴的果实成熟，果皮裂开。这里形容人笑得合不拢嘴。

【春草地里的绵羊羔子——撒欢儿还撒不够】

释义：绵羊羔见到春天满地的青草，兴奋地连蹦带跳。形容人兴高采烈，不能自已。

【蛤蟆鼓肚子——干生气】

释义：蛤蟆吸气呼气时，肚子一鼓一鼓的。形容白白生气，没有办法。

【新娶的媳妇——满面风光】

释义：比喻幸福愉快的面容。

【张飞翻脸——吹胡子瞪眼】

释义：比喻生气发怒的样子。

【半天云里扭秧歌——空欢喜】

释义：原意是在高空中扭秧歌，寻开心。比喻白白地高兴一场，并没有达到目的。

【白糖拌苦瓜——又苦又甜】

释义：比喻矛盾的心理状态或复杂的感情。

【打翻了五味瓶——酸甜苦辣咸，样样都有】

释义：比喻心情复杂，一下难以说出来。

【腊月里扇扇子——火气太大】

释义：比喻脾气十分暴躁。

【秋后的黄瓜——蔫了】

释义：比喻情绪低落，精神萎靡不振。

【喜鹊登枝喳喳叫——无喜心里乐三分】

释义：民间传说听见喜鹊的叫声预示将有喜事来临。比喻心情愉快，即使没有喜事也很高兴。

第六篇

秀美大地在脚下

第一章　天地山水

我们的祖国地域辽阔，风景秀丽。这里不仅有险峻挺拔的高山，还有秀丽多姿的湖光山色；不仅有风景如画的避暑胜地，还有阳光和煦的海滨沙滩。迷人的景色吸引着人们去游览，去观光，去品味，去欣赏。

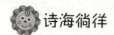 诗海徜徉

【山不厌高，海不厌深】

出处：三国·魏·曹操《短歌行》

释义：山不会满足于自己的高耸，海不会满足于已有的深度。

【大漠孤烟直，长河落日圆】

出处：唐·王维《使至塞上》

释义：苍茫的沙漠中，升起一缕孤单的狼烟，直立而上；长长的黄河上，映照着将落的太阳，又红又圆。大漠：沙漠。孤烟：指狼烟。烧狼粪的烟，直上而且不散开，容易看得见，古代用来做军事报警。直：孤烟高而不散的样子。长河：指黄河。

【天门中断楚江开，碧水东流到此回】

出处：唐·李白《望天门山》

释义：楚江汹涌，冲断了江边的天门山；碧波东流，到这里迂回徘徊。

【明月出天山，苍茫云海间】

出处：唐·李白《关山月》

释义：明月从天山升起，天山虽然不靠海，但横亘在天山上的云海则是有的。

【相看两不厌，只有敬亭山】

出处：唐·李白《独坐敬亭山》

释义：敬亭山和我对视着，谁都看不够，看不厌，看来能理解我的只有这敬亭山了。

【岱宗夫如何？齐鲁青未了】

出处：唐·杜甫《望岳》

释义：泰山啊，你究竟有多么宏伟壮丽？你既挺拔苍翠，又横跨齐鲁两地。岱宗：泰山别名岱，居五岳之首，故又名岱宗。

【烟笼寒水月笼沙，夜泊秦淮近酒家】

出处：唐·杜牧《泊秦淮》

释义：烟雾弥漫着那一江秋水，月光笼罩着那片金黄沙滩，夜晚在秦淮河泛舟，不知不觉便迎近了一处酒家。

【天地有五岳，恒岳居其北。岩峦叠万重，诡怪浩难测】

出处：唐·贾岛《北岳庙》

释义：中国有五座大山，其中恒山位于北面。层峦叠嶂，岩石嶙峋，充满着不可捉摸的神秘色彩。

【绝顶人来少，高松鹤不群】

出处：唐·贾岛《宿山寺》

释义：山顶历来是游人稀少的地方，高山的松柏也从来不遇群鹤。描写出山寺的幽雅清静，表现了诗人的清高、慎独的品格。

【醉后不知天在水，满船清梦压星河】

出处：唐·唐温如《题龙阳县青草湖》

释义：诗人喝醉后，睡了，渐渐地进入了梦乡。他仿佛觉得自己不是在洞庭湖中泊舟，而是在银河之上荡桨，船舷周围看到的是一片星光灿烂的世界。

【江作青罗带，山如碧玉簪】

出处：唐·韩愈《送桂州严大夫同用南字》

释义：大江就像青罗带一样，而山就如绿色的簪子。此句常用来赞颂桂林山水的美。江：漓江。山：独秀峰。

【树树皆秋色，山山唯落晖】

出处：唐·王绩《野望》

释义：每棵树木都附着着浓浓秋色，每座山都披上了金灿灿的夕阳余晖。

【山重水复疑无路，柳暗花明又一村】

出处：宋·陆游《游山西村》

释义：一重重山，又一道道水，疑惑无路可行间，忽见柳色浓绿、花色明丽，一个村庄出现在眼前。比喻陷入困境，忽而绝处逢生。

【晚泊孤舟古祠下，满川风雨看潮生】

出处：宋·苏舜钦《淮中晚泊犊头》

释义：晚间小舟独泊在古庙下边，只见满河风雨，潮水渐渐上涨。

【大江之南风景殊，杭州西湖天下无】

出处：明·刘基《题王润和尚西湖图》

释义：江南风景与北方风景大是不同，杭州西湖风景的美丽，是其他地方所没有的。

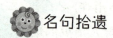 名句拾遗

【山不在高，有仙则名】

出处：唐·刘禹锡《陋室铭》

释义：山不在于高大，只要有神仙就会出名。现在用以说明决定处所声名的，不在于处所本身，而是看那里有没有出类拔萃的人物。

【满眼风波多闪灼，看山恰似走来迎。子细看山山不动，是船行】

出处：唐·无名氏《摊破浣溪沙》

释义：放眼望去，只见微风吹来，水面上波光荡漾。看着眼前的山，就好像是来迎接你的，但当你仔细一看，山并没有动，而是你的船在前行。子细：仔细。

【誉天地之大，褒日月之明】

出处：唐·柳宗元《道州文宣王庙碑》

释义：夸赞天地的伟大，赞扬日月的明亮。反映作者对大自然的崇敬和热爱。誉：夸赞。褒：宣扬。

【落木千山天远大，澄江一道月分明】

出处：宋·黄庭坚《登快阁》

释义：千山树木落叶，愈显苍天远大；一道江水澄澈，益见月色分明。

【醉翁之意不在酒，在乎山水之间也】

出处：宋·欧阳修《醉翁亭记》

释义：醉酒老人（欧阳修）的醉意不是因为贪酒，而是因为山清水美使人醉。

【山峦为晴雪所洗，娟然如拭，鲜妍明媚，如倩女之面靧面，而髻鬟之始掠也】

出处：明·袁宏道《满井游记》

释义：一座座小山在融化的积雪中，像是接受洗礼，秀丽得仿佛是通体被擦拭了一番，像美女洗完脸后的妩媚、梳发时的飘逸的模样。

【一畦春韭绿，十里稻花香】

出处：清·曹雪芹《红楼梦》

释义：一畦（古代计量单位）韭菜已经绿了，连绵十里的稻花开得正香。形容庄稼和蔬菜长势正好。

【谁信世间有此境，游来宁不畅神思】

出处：清·曹雪芹《红楼梦》

释义：谁能相信人世间竟然会有这样美好的地方，到此一游，怎能不令人神情愉悦、心旷神怡？

【秀水明山抱复回，风流文采胜蓬莱】

出处：清·曹雪芹《红楼梦》

释义：清秀明媚的山峦和流水曲折萦回，色彩绚烂的景色胜过蓬莱仙境。秀水明山：景色明秀的山水。蓬莱：传说中东海中的三座神山之一。

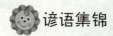 谚语集锦

【竹篱茅舍风光好，道院僧堂终不如】

　　释义：农家田园风光是很好的，恐怕连寺院也比不上。

【秋至满山多秀色，春来无处不花香】

　　释义：秋天一到，漫山遍野充满秀丽的景色；春天来临，四面八方散发着花香。

【峨眉天下秀，华山天下险，泰山天下雄】

　　释义：峨眉山是最秀丽的山，华山是最险峻的山，泰山是最雄伟的山。

【五岳归来不看山，黄山归来不看岳】

　　释义：从五岳归来后不再看其他山峰，从黄山归来后不再看五岳。五岳：指东岳泰山、西岳华山、南岳衡山、北岳恒山和中岳嵩山。

【桂林山水甲天下，阳朔山水甲桂林】

　　释义：桂林山水是天下第一，阳朔山水是桂林第一。甲：第一。

【庐山最美在山南，山南最美数三叠】

　　释义：庐山最美的景致在山的南边，山南最美的景致当属三叠瀑布。

【七倍长江八倍巢，只抵洞庭半截腰】

　　释义：七条长江、八个巢湖加起来的水量，只及洞庭湖一半。形容洞庭湖水量之丰富。

【西湖景致六座桥，一枝杨柳一枝桃】

　　释义：西湖最美的风景当属苏堤，堤上遍植杨柳和桃花。这句谚语描绘了杭州西湖苏堤的美景。

【名泉七十二，趵突天下无】

　　释义：有名泉七十二处，趵突泉名列首位。

【上有天堂，下有苏杭】

　　释义：上有天堂，下有苏州和杭州。指出苏州和杭州的景色十分美丽。

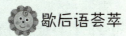 歇后语荟萃

【长江流水——泻千里】

　　释义：长江水，流得又快又远。比喻文笔或乐曲气势奔放。也形容价格猛跌不止。

【井水不犯河水，南山不靠北山】

　　释义：井水不冒犯河水，南山不紧靠北山。南山、北山均为山名。比喻互不依赖，互不干扰，各过各的。

【对着大海发愁——望洋兴叹】

　　释义：仰望大海而兴叹。原指在伟大事物面前感叹自己的渺小。现多比喻做事时因为不胜任或没有条件而感到无可奈何。望洋：仰视的样子。

【悬崖临海——山穷水尽】

　　释义：站在悬崖边面临大海，山和水都到了尽头。比喻无路可走陷入绝境。

【大海里浪涛——波澜壮阔】

　　释义：大海里的波浪，气势宏伟。比喻声势雄壮或规模巨大。

【桂林风光——山清水秀】

　　释义：桂林景色十分优美。山清水秀：形容风景优美。

【风雨中的泰山——不动摇】

　　释义：狂风暴雨中的泰山，十分稳固。也比喻人的意志坚定。

【大海里的水——到哪里哪里嫌（咸）】

　　释义：大海里的水很咸，这里"嫌"与"咸"同音，表示厌恶，不满意。比喻得不到大家的认同，谁见了谁烦。

【大海里的一滴水——渺小得很】

　　释义：一滴水对于大海来说很微小。比喻力量不如对方强大。

第二章　日月风雨

　　大自然是一部无所不含的百科全书，蕴藏无尽的智慧宝藏，供人们挖掘、开采。下面就让我们走进自然，看看最常见的日月星辰、风霜雪雨会带给我们哪些启示，或展现给我们哪些别致景色。

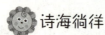 **诗海徜徉**

【十月之交，朔月辛卯。日有食之，亦孔之丑】

　　出处：《诗经·小雅·十月之交》

　　释义：正交十月那一天，初一辛卯的时候又发生了日食，景象也真可怖。这是我国文学上最早写日食的诗句。朔月：指每月的初一。辛卯：古人以干支记日，指周幽王六年（前776）十月。食：蚀。

【春潮带雨晚来急，野渡无人舟自横】

　　出处：唐·韦应物《滁州西涧》

　　释义：晚潮加上春雨使水势更急。而郊野渡口本来行人不多，此刻更是无人。只见空空的渡船横在河里，随波荡漾。

【一道残阳铺水中，半江瑟瑟半江红】

　　出处：唐·白居易《暮江吟》

　　释义：一道残阳铺在江面上，在阳光照射下，波光粼粼，一半呈现出深深的碧色，一半呈现出红色。

【举杯邀明月，对影成三人】

　　出处：唐·李白《月下独酌》

　　释义：举杯向天，邀请明月，与我的影子相对，便成了三人。成三人：明月和我以及我的影子恰好合成三人。

【夕阳无限好，只是近黄昏】

出处：唐·李商隐《登乐游原》

释义：看见夕阳无限美好，一片金光灿烂，只是将近黄昏，美好时光终究短暂。

【山风吹空林，飒飒如有人】

出处：唐·岑参《暮秋山行》

释义：山风吹得干枯的空林飒飒作响，仿佛有人来了一般。

【千里黄云白日曛，北风吹雁雪纷纷】

出处：唐·高适《别董大》

释义：黄沙千里，到处都是灰蒙蒙的一片，以至于云也似乎变成了黄色；大雪纷纷扬扬地飘落，群雁排着整齐的队形向南飞去。描写大漠荒寒壮阔的景色。

【沾衣欲湿杏花雨，吹面不寒杨柳风】

出处：宋·释志南《绝句》

释义：杏花开时的蒙蒙细雨落在身上，衣服欲湿未湿，柔和的杨柳，春风吹在脸上一点儿也不觉得寒冷。

【黑云翻墨未遮山，白雨跳珠乱入船】

出处：宋·苏轼《六月二十七日望湖楼醉书》

释义：像墨瓶打翻似的黑云还没有把山头遮满，白色的雨点打在船上就像珍珠似的乱跳。翻墨：像墨汁一样的黑云在天上翻卷。遮：遮盖，掩盖。跳珠：形容雨点像珍珠一样在船中跳动。

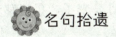 名句拾遗

【日中则昃，月盈则食】

出处：《易经·丰卦》

释义：太阳到了正午就要偏西，月亮满盈后就要亏损。现用来比喻事物盛极则衰，物极必反。昃：日西斜。食：同“蚀”，亏损。

【飘风不终朝，骤雨不终夕】

出处：春秋·老子《道德经》

释义：狂风不会刮一个早晨，暴雨也不会下一整天。飘风：狂风。

【千江有水千江月，万里无云万里天】

出处：宋·雷庵正受《嘉泰普灯录》

释义：只要千江有水，千江的水面便都有月亮；只要天空万里无云，那万里天空上都是青天。千江：无数的江河。

【斜阳冉冉春无极】

出处：宋·周邦彦《兰陵王·柳》

释义：斜阳慢慢消去，而青春却没有消失。冉冉：日落渐去的样子。极：尽。

【于时九月，天高露清，山空月明，仰视星斗皆光大，如适在人上】

出处：宋·晁补之《新城游北山记》

释义：正是深秋九月，天气清爽，山间的天空月色明丽，抬头看天，星星非常大而明亮，仿佛正好在头上一样。

【三五之夜，明月半墙，桂影斑驳，风移影动，珊珊可爱】

出处：明·归有光《项脊轩志》

释义：十五的晚上，一轮明月照在半墙上，桂树的影子散乱着，微风吹来，树影在无声地移动着，轻盈、舒缓，真是可爱。

【日往月来，星移斗换】

出处：明·冯梦龙《喻世明言》

释义：太阳走了，月亮来了，星星移动了位置。描写宇宙间的天体运动。斗：北斗星。

 谚语集锦

【一场秋雨一场寒，十场秋雨要穿棉】

释义：下一场秋雨，气温就变得冷一点，下十场秋雨，就该穿棉袄了。

【瑞雪兆丰年】

释义：适时的冬雪预示着来年是丰收之年。瑞：吉利的。

【百星不如一月】

释义：百颗星星发出的亮光不如一轮月亮发出的光明亮。比喻量多不如质优。

【偏东风吹得紧要落雨】

释义：不断吹着偏东风，说明要下雨。

【无风不起浪】

释义：没有风不会起波浪。比喻事情发生，总有个原因。

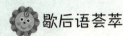 歇后语荟萃

【长白山的大雪——满天飞】

释义：长白山上的雪漫天飞舞。形容到处都是。

【久旱无雨——水落石出】

释义：长久不下雨，水中的石头都露出来了。比喻事情的真相完全暴露。

【半空里下大雪——天花乱坠】

释义：传说梁武帝时有个和尚讲经，感动了上天，天上纷纷落下雪花来。形容说话有声有色，极其动听。现多指夸张而不符合实际的事情。

【十五的月亮——完美无缺】

释义：形容完善美好，没有缺点。

【雪人打伞——多此一举】

释义：雪人打伞，多余。指没有必要的举动。举：行动。

【海风阵阵——波未平，一波又起】

释义：阵阵海风吹来，一个浪头尚未平复，另一个浪头又掀起了。比喻事情进行时问题很多，一个问题还没有解决，另一个问题又发生了。

【下雨天往屋里跑——轮（淋）不到你】

释义："轮"与"淋"谐音。比喻事情和你没有关系。

【打雷不下雨——虚张声势】

释义：只打雷不下雨，假装造出强大的气势。指假造声势，借以吓人。张：铺张，夸大。

【刚出山的太阳——红江满面】

释义：刚从山顶升起的太阳，红彤彤的。形容人的气色好，脸色红润，满面光彩。

【大自然的风——来去匆匆】

释义：自然界中的风，说来就来，说走就走。形容来和去都很迅速。

第三章　花草虫鸟

一个人并不孤单，周围景物都是可爱的"演员"：娇艳的花儿迎风招展；青青的草儿吐露芬芳；不甘寂寞的虫儿低声鸣叫，向往天空的鸟儿自由飞翔……所有的动物、植物都在展示各自看家本领，仿佛自然界正上演一幕幕舞台剧。

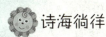 诗海徜徉

【捣麝成尘香不灭，拗莲作寸丝难绝】

出处：唐·温庭筠《达摩友曲》

释义：将麝香捣成粉末，其香气还在；把莲藕折断成一寸长的几节，它的丝却连绵不绝。比喻坚忍不拔的毅力。麝（shè）：哺乳动物，形状像鹿而小，无角。雄麝的脐部有香腺，能分泌麝香。

【居高声自远，非是借秋风】

出处：唐·虞世南《蝉》

释义：待的地方高，声音自然传得远，并不是借着秋风才传远的。用知了自比，比喻自己的高洁。因为自己高洁又有才华，所以声名较大，并不是借重别人的力量。

【柳丝袅袅风缲出，草缕茸茸雨剪齐】

出处：唐·白居易《天津桥》

释义：那些随风摇摆的细长的柳丝像是春风一根一根抽出来的，那些又软又短的密密的嫩草像是细雨一点一点剪出来的。

【不是花中偏爱菊，此花开尽更无花】

出处：唐·元稹《菊花》

释义：不是我偏爱菊花，一年之中，菊花开过之后，再没有别的花开放了，赏花的机会再没有了。

【穿花蛱蝶深深见，点水蜻蜓款款飞】

出处：唐·杜甫《曲江二首》

释义：蝴蝶在花丛中穿行，时隐时现；蜻蜓缓缓飞动，时而点着水面。

【细雨鱼儿出，微风燕子斜】

出处：唐·杜甫《水槛遣心二首》之一

释义：细雨轻落，鱼儿欢快地游到水面；微风吹拂，燕子倾斜着身子轻捷地掠过湿雾蒙蒙的天空。

【颠狂柳絮随风去，轻薄桃花逐水流】

出处：唐·杜甫《绝句漫兴》

释义：柳絮任凭狂风卷着在天空中飞来飞去，桃花轻飘飘地落在江河里随着水波荡漾漂流。

【晴空一鹤排云上，便引诗情到碧霄】

出处：唐·刘禹锡《秋词》

释义：万里晴空，一只鹤凌云而飞起，就引发我的诗兴到了蓝天上了。

【荷风送香气，竹露滴清响】

出处：唐·孟浩然《夏日南亭怀辛大》

释义：微风吹来，飘过阵阵荷花的香气；竹露盈圆，落地时清脆有声。

【浓绿万枝红一点，动人春色不须多】

出处：宋·王安石《咏石榴花》

释义：在浓绿的背景上点缀一朵红花，画面顿时变得活泼而妖艳。石榴之艳美、之珍贵，并不在于其万紫千红、妖娆多姿，纵叶稀疏而少，而那花却越发显得鲜艳妩媚了。

【竹外桃花三两枝，春江水暖鸭先知】

出处：宋·苏轼《惠崇〈春江晚景〉》

释义：竹林外边的桃花已有两三枝开放，春天来了，江水开始变暖，鸭子能首先感受到。现常比喻只有深入生活实际，才能及时体察到事物内部的发展变化，发现新生事物的萌芽。

【有情芍药含春泪，无力蔷薇卧晓枝】

出处：宋·秦观《春日五首〈其一〉》

释义：有情的芍药，含着伤春的眼泪；无力的蔷薇，躺在清晨的枝头。诗人运用对偶形式，拟人手法，衬托庭院的华丽，描绘了芍药和蔷薇雨后百媚千娇的情态。

【无风杨柳漫天絮，不雨棠梨满地花】

出处：宋·范成大《碧瓦》

释义：空中杨柳飞絮，漫天飞舞；地上梨花铺垫，洁白如雪。

【林间新绿一重重，小蕾深藏数点红】

出处：金·元好问《同儿辈赋未开海棠》

释义：海棠的新生枝叶又多又密，装点成一片惹人喜爱的新绿色，还没绽开的花蕾带着微微的红隐藏在枝叶下。

【落红不是无情物，化作春泥更护花】

出处：清·龚自珍《己亥杂诗》

释义：红花飘落不是它对树无情，而是要变成春天里的泥土更加呵护花朵。

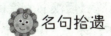 名句拾遗

【见一叶落而知岁之将暮】

出处：汉·刘安等《淮南子·说山训》

释义：看见叶子落了就知道快要到年底了。

【岁寒然后知松柏之后凋也】

出处：《论语·子罕》

释义：天寒地冻，才晓得松柏树是最后落叶的。在艰苦的环境里才能看出一个人的节操和品格。在艰苦的环境里才能真正考验人。凋：凋零，零落。

【毛羽未成，不可以高飞】

出处：西汉·司马迁《史记·苏秦列传》

释义：羽毛未长成的鸟，不能够飞得高远。现喻指国家的实力不强大就不可以征服四方。也常用来比喻人的学识修养不够，不可以担当起重任。

【桃李不言，下自成蹊】

出处：西汉·司马迁《史记·李将军列传》

释义：桃李有着芬芳的花朵，甜美的果实，它不必向人打招呼，人们也会在树底下走来走去，欣赏它的花朵和果实，以至于走成一条路。比喻实至名归，人应注重实际，不要贪图虚名。

【草木秋死，松柏独在】

出处：汉·刘向《说苑·说丛》

释义：秋天草枯木凋，而松柏昂然挺拔。比喻在艰难困苦的考验中，才显出英雄本色。

【茂林之下无丰草，大块之间无美苗】

出处：汉·桓宽的《盐铁论》

释义：茂密的树林里，不会长出丰茂的草，有大土块的地里，不会长出苗壮的秧苗。大块：大土块。

【大树将颠，非一绳所维】

出处：南朝·宋·范晔《后汉书·徐稺传》

释义：大树将要倒下，不是一根绳子就能拉住的。比喻大势将去，不是一个人的力量能挽救的。

【暮春三月，江南草长，杂花生树，群莺乱飞】

出处：南朝·梁·丘迟《与陈伯之书》

释义：暮春三月，江南到处芳草遍地，树上鲜花丛生，成群的黄鹂四处飞舞。诗句描绘了春回大地、万物复苏的景象，为描写江南风景的千古名句，成语"草长莺飞"即来源于此。

【蠹众而木折，隙大而墙坏】

出处：《商君书·修权》

释义：树上蛀虫太多了，树木就会折断；墙上的缝隙大了，墙就会倒塌。

【葵藿有心终向日，杏桃无力漫随风】

出处：陈衍《元诗纪事》

释义：向日葵心志专一，始终向着太阳，杏花、桃花没有强大的意志，只有随风飘飞。

【未忍无声委地，将低垂又飞还】

出处：清·张惠言《木兰花慢》

诗句：（杨花）不甘心默默无闻地掉在地上，花瓣垂落将要接近地面的时候，它又乘风向上飞回树上。

【竿竿青欲滴，个个绿生凉】

出处：清·曹雪芹《红楼梦》

释义：一根根碧绿青翠得好像要滴下水来，一片片竹叶透出丝丝清凉。竿：竹子的主干，一棵称为一竿。个：竹叶的形状像一个个"个"字。

谚语集锦

【打兔的不嫌兔多，吃鱼的不怕鱼腥】

释义：比喻对于自己喜欢的东西，不会嫌多或嫌不好。

【近水知鱼性，近山识鸟音】

释义：比喻经常接近什么就会对它有所了解、熟悉。

【一花独放不是春，万紫千红春满园】

释义：只有一朵花开放还不是春天，当五颜六色的花朵开放时才是满园春色。

【花盆里长不出苍松，鸟笼里飞不出雄鹰】

释义：比喻环境影响个人的成长。

【三分种，七分管，栽树不成怨人懒】

释义：意味一棵树成长起来，种植很重要，更重要的是如何照顾它。如果管理者太懒，树很难成活。

【爱花花结果，惜柳柳成荫】

释义：爱护花朵，花就结出果实；爱惜柳树，柳树就可以生成树荫。

【梨树杏树寿命长，都能活到百年上】

释义：梨树和杏树的寿命很长，都能存活百年以上。言外之意，劝告人们注重环保，爱护树木，保护我们共同的家园。

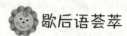

歇后语荟萃

【长白山的春光——鸟语花香】

释义：鸟叫得好听，花开得馨香。形容春天的美好景象。

【雨后彩虹——五光十色】

释义：形容色彩鲜艳，花样繁多。

【千年的大树——根深叶茂】

释义：根扎得深，叶子就茂盛。比喻基础牢固，事业就会兴旺发展。茂：繁茂。

【核桃树旁种棉花——软硬兼施】

释义：比喻利诱、威胁、拷打等软的和硬的手段都用上了。兼施：同时施展。

【中秋菊花盛开——花好月圆】

释义：花儿正盛开，月亮正圆满。比喻美好圆满。多用于祝贺人新婚之喜。

【一朵鲜花插在牛粪上——真可惜】

释义：比喻对美好的事物被糟蹋而感到惋惜。

【抓着荷叶摸藕——追根到底】

释义：比喻一直追查到底。根：原指高等植物茎干下部长在土里的部分，这里比喻事物的本源。

【昆仑山上的灵芝草——无价之宝】

释义：昆仑山上的灵芝草是无法估价的宝物。指极珍贵的东西。无价：无法计算价值。比喻极为珍贵。

第四章　时令节日

　　每个季节都有它的特"色"：春天是迷人的翠绿，夏天是清透的水蓝，秋天是耀眼的金黄，冬天是刺眼的银白。在美丽的四季风景中，不仅有大自然的千变万化，还有人们无比期待的节日。

诗海徜徉

【桐庭多落叶，慨然知已秋】

　　出处：晋·陶渊明《酬刘柴桑》

　　释义：桐巷庭院落满了树叶，感慨已经是秋天了。

【残暑蝉催尽，新秋雁戴来】

　　出处：唐·白居易《散宴》

　　释义：蝉催着夏日渐渐逝去，大雁暗示着秋天即将来到。

【自古逢秋悲寂寥，我言秋日胜春朝】

　　出处：唐·刘禹锡《秋词》

　　释义：自古以来，人们（诗人雅士）每逢秋季，就会抒发自己的悲伤、寂寞、愁苦的情思，可是我却觉得秋天要胜过春天。

【仲夏苦夜短，开轩纳微凉】

　　出处：唐·杜甫《夏夜叹》

　　释义：夏天不热的晚上太短了，把窗户打开，这样会凉快一点。

【清明时节雨纷纷，路上行人欲断魂】

　　出处：唐·杜牧《清明》

　　释义：清明节这天细雨纷纷，路上远行的人好像丢了魂魄一样迷乱凄凉。

【春城无处不飞花，寒食东风御柳斜】

　　出处：唐·韩翃《寒食》

　　释义：春日的长安，无处不飞舞着落花；寒食节，御苑的柳

枝在东风的吹拂下摇曳生姿。诗句将落花满天、柳絮飞扬的暮春景色展现了出来。春城：指春天里的长安城。花：亦解作柳絮。御：御苑。

【谁家见月能闲坐，何处闻灯不看来】

出处：唐·崔液《上元夜》

释义：没人见到月亮能闲坐下来，没人能看到灯不出来。

【一年好景君须记，最是橙黄橘绿时】

出处：宋·苏轼《赠刘景文》

释义：别以为一年的好景将尽，你必须记住，最美的景色是在初冬橙黄橘绿的时节啊！

【黄梅时节家家雨，青草池塘处处蛙】

出处：宋·赵师秀《有约》

释义：黄梅时节，家家户户都被裹在蒙蒙雨雾中，长满青草的池塘里，到处是一片蛙声。

【千门万户曈曈日，总把新桃换旧符】

出处：宋·王安石《元日》

释义：刚刚升起的太阳照耀千家万户，把刚贴的春联映射得更加灿烂夺目。形容一派万象更新的气象。曈曈日：红日初升。总把：都把。桃：桃符，春联。

【湖上小桃三百树，一齐弹泪过清明】

出处：清·郭麐《积雨》

释义：就连湖上的小桃树都在纷纷为清明落泪，更何况是对已故的亲人呢？弹泪：清明前后多雨，桃花瓣上颗颗雨滴似满挂泪珠。

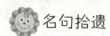 名句拾遗

【履霜，坚冰至】

出处：《易经·乾传·坤》

释义：踩到秋天的霜时，冬天冰冻的日子也就要到了。

【冬无愆阳，夏无伏阴，春无凄风，秋无苦雨】

出处：春秋·鲁·左丘明《左传·昭公四年》

释义：冬天不会过于温暖，夏天不会特别寒冷，春天没有寒风，秋天没有久下不停的雨。愆阳：过于温暖。伏阴：夏寒。凄风：寒风。苦雨：久下不停的雨。

【春之日，我爱其草薰薰，木欣欣，可以导和纳粹，畅人血气】

出处：唐·白居易《冷泉亭记》

释义：春天的时候，我爱它花草芳香，草木茂盛，可以吸入新鲜的空气，使人心情舒畅。薰：古书上说的一种香草，又泛指花草的香气。

【以鸟鸣春，以雷鸣夏，以虫鸣秋，以风鸣冬】

出处：唐·韩愈《送孟东野序》

释义：（一个季节的开始都有自己的特点）鸟儿鸣唱意味着春天的到来，打雷意味着夏天的开始，秋蝉鸣叫意味着秋天的到来，狂风呼啸意味着冬天而至。

【日既暮而犹烟霞绚烂，岁将晚而更橙橘芳馨。故末路晚年，君子更宜精神百倍】

出处：明·洪应明《菜根谭》

释义：夕阳西下时，天边的晚霞光彩夺目，而一年即将过去时，金黄色的橙橘更是芳香四溢。因此到了晚年，一个有德行的人更应该精神百倍地自信生活。

【暑极不生暑而生寒，寒极不生寒而生暑】

出处：清·魏源《默觚·学篇七》

释义：夏天到了最热的时候，就不会再生出热，而只能生出寒冷；冬天到了最冷的时候，也不会再生出寒冷，而只能生出酷热。比喻事物发展到顶点就会向其对立面发展。

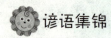 谚语集锦

【冬至夜里一块肉，譬如不冬至】

释义：冬至夜吃的东西特别补身体，可以增强抗寒能力并使你感觉到似乎冬天还没到来。

【清爽冬至邋遢年，邋遢冬至清爽年】

释义：如果冬至这一天天清气爽，那么年三十那一天一定是雨天，泥泞的道路使环境邋里邋遢；反之，冬至那天天气邋遢，过年那天就一定是晴空当日，天清气爽。

【一年之计在于春】

释义：要在一年（或一天）开始时多做并做好工作，为全年（或全天）的工作打好基础。

【春不分不暖，夏不至不热】

释义：春分不到天气不温暖，夏至不来天气不炎热。

【春打六九头】

释义：立春多在六九开始后的一个时间段。冬至开始记九，冬至与立春间隔时间相对固定，往往在六九前后。此谚语是为了便于记忆。

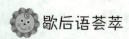 歇后语荟萃

【高山上的松柏——四季常青】

释义：高山上的松柏，每个季节都长得青翠碧绿。

【大地回春——百花齐放】

释义：形容百花盛开，丰富多彩。比喻各种不同形式和风格的艺术自由发展。也形容艺术界的繁荣景象。

【三十晚上盼初一——指日可待】

释义：三十晚上盼初一，不久就可以实现。指日：可以指出

日期，为期不远。待：期待。

【端午节吃粽子——皆大欢喜】

　　释义：端午节吃粽子，人人都高兴满意。皆：都。

【三十夜熬稀粥——不是过年的样子】

　　释义：指不符合规矩准绳。样子：供人效法、模仿的榜样和式样。

第七篇

社会百科面面观

第一章　政治舞台

治理国家不是易事，做官者不仅要尽职尽责，为国家鞠躬尽瘁，还要关心人民疾苦，为人民服务。要想把祖国建设得繁荣富强、国泰民安，得下一番苦心。

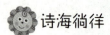 **诗海徜徉**

【谋夫孔多，是用不集】

出处：《诗·小雅·小旻》

释义：出谋划策的人太多，就会优柔寡断，因而难以成事。

【圣朝无阙事，自觉谏书稀】

出处：唐·岑参《寄左省杜拾遗》

释义：朝廷圣明并没有什么过失，自己也觉得进谏的奏章越来越少了。

【兴废由人事，山川空地形】

出处：唐·刘禹锡《金陵怀古》

释义：国家兴衰取决于领导人的所作所为，而不是依靠山川地势的险要。

【可怜夜半虚前席，不问苍生问鬼神】

出处：唐·李商隐《贾生》

释义：只可惜半夜里君王虽然向前移动座位，靠近贾谊，但他所问的却不是有关国计民生的大事，而是鬼神之事。

【字人无异术，至论不如清】

出处：唐·杜荀鹤《送人宰吴县》

释义：爱护百姓没有什么特殊的方法，再最好的理论不如为官清正廉洁。

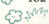

【功不滥赏，罪不滥刑】

　　出处：唐·元结《至正》

　　释义：对有功的人不随意奖赏，对有罪的人也不乱加惩罚。

【自当舟楫路，应济往来人】

　　出处：唐·张众甫《三州渡》

　　释义：自己在舟船上，就应当渡送往来的行人。比喻人应当主动、自觉地为人民服务。

【择天下之士，使称其职；居天下之人，使安其业】

　　出处：唐·柳宗元《梓人传》

　　释义：挑选天下有才能的人，使他们胜任本职工作；安置好天下的百姓，使他们安心于自己的职业。

【但得官清吏不横，即是村中歌舞时】

　　出处：宋·陆游《春日杂兴》

　　释义：只要官吏清明而不横蛮，百姓就可以安居乐业了。

【万钟一品不足论，时来出乎苏元元】

　　出处：宋·陆游《五更读书示子》

　　释义：高官厚禄是不足为贵的，可贵之处在于能否为人民造福。

【些小吾曹州县吏，一枝一叶总关情】

　　出处：清·郑板桥《潍县署中画竹呈年伯包大中丞括》

　　释义：对于我们这些小官吏来说，哪怕是一点一滴的小事，也应该想到老百姓。

名句拾遗

【一张一弛，文武之道】

　　出处：《礼记·杂记下》

　　释义：宽严相结合，是文王、武王治理国家的方法。现用来比喻生活的松紧和工作的劳逸要合理安排。文、武：指周文王和周武王。

【君子不以言举人，不以人废言】

出处：《论语·卫灵公》

释义：君子不只凭一个人的言论来提拔人才，也不因为某人不好而不采纳他的建议。

【近者说，远者来】

出处：《论语·子路》

释义：统治者使近处的百姓欢悦了，远处的百姓就会前来归附。

【其身正，不令而行；其身不正，虽令不行】

出处：《论语·为政》

释义：上级领导本身行为正当，即使不发布命令，下属也会主动去干；如果自己的行为不正派，虽然发出了指令，人家也不会听你的。

【上好信，则民莫敢不用情】

出处：《论语·子路》

释义：居上位的人讲究诚信，那么下面的人就不敢不以真情待人。

【不在其位，不谋其政】

出处：《论语·泰伯》

释义：不担任这个职务，就不去过问这个职务范围内的事情。

【上乐施则下益宽，上亲贤则下择友】

出处：《孔子家语·王会》

释义：上级领导乐善好施，下面的人就很宽厚；领导者亲近贤才，下面的人交友就慎重。

【归国宝，不若献贤而进士】

出处：《墨子·亲士》

释义：给国君献上稀世珍宝，不如给国君推荐有才之士。

【民为贵，社稷次之，君为轻】

出处：《孟子·尽心下》

释义：人民放在第一位，国家其次，君主在最后。

【主好要则百事详，主好详则百事荒】

出处：《荀子·王霸》

释义：如果君主善于提纲挈领，那么百事都会做得十分周详；如果君主事无巨细都要管，那么什么事情都会荒废。

【天下非一人之天下也，乃天下人之天下也】

出处：《吕氏春秋·贵公》

释义：天下不是某一个人的天下，而是天下所有人的天下。

【刑过不避大臣，赏善不遗匹夫】

出处：《韩非子·有度》

释义：惩罚有罪过的人，即使是大臣也不要放过；奖赏有功劳的人，即使是平民百姓也不能遗漏。

【末大必折，尾大不掉】

出处：春秋·鲁·左丘明《左传·昭公十一年》

释义：树枝大了一定折断，尾巴大了就不能摇动，人们常用这句成语比喻部下势力强大，不听从领导调动和指挥。

【上无骄行，下无谄德】

出处：《晏子春秋·内篇问上》

释义：国君不骄傲自大，手下人就不会阿谀奉承。

【家贫思良妻，国乱思良相】

出处：宋·司马光《资治通鉴》

释义：家境贫困，就会想要一个贤德的妻子；国家动乱，就会渴求一位治国有方的宰相。

【言多变则不信，令频改则难从】

出处：宋·欧阳修《准诏言事上书》

释义：言语反复多变，就不能取信于人；政令朝出夕改，人们就无所适从。不信：没有信用。频：频繁。难从：难以适从。

【聚天下之人，不可以无财；理天下之财，不可以无义】

出处：宋·王安石《乞制置三司条例》

释义：要想得到天下人的拥护，没有一定的物质财富是不行

的；要想治理好天下的财富，没有合理的方法是不行的。

【不可以武而废文教，亦不可以文而弛武备】

出处：《明太宗实录》

释义：国家不可以因为强调军事建设而废弃政治建设，也不可以因为重视政治建设而放松军事建设。

【恩荣并济，上下有节】

出处：元末明初·罗贯中《三国演义》

释义：治理国家要恩威并重，使国家上下能够有礼有节、秩序井然。

【一时之强弱在力，千古之胜负在理】

出处：明·冯梦龙《东周列国志》

释义：一时的强弱在于力量或军事力量，而长久的胜负则在于道理，也就是治国有道。

【万里江山万里尘，一朝天子一朝臣】

出处：明·汤显祖《牡丹亭》

释义：万里江山尘烟四起，每一个皇帝都有自己信任且重用的大臣。

【居高位者，以知人晓事二者为职】

出处：清·曾国藩《佚题》

释义：处在高级职位的人，以了解使用人才和掌握情况为职责。

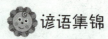 谚语集锦

【清官难断家务事】

释义：即使再公正、再能干的清官，在如同乱麻一般的家庭纠纷面前也无可奈何。

【不怕官，只怕管】

释义：不怕官大，怕的是直接管着。指顶头上司对当事人最有约束力。

【朝里无人莫做官】

释义：朝廷里面如果没有与自己有特殊关系的人，就不要当官。指旧时当官，必须有靠山。

【吃瓜莫吃蒂，做官莫作卑】

释义：吃瓜不要吃瓜蒂，因为瓜蒂是苦的；做官不要做小官，因为小官处处受制于人。旧时认为做官就要做有实权的大官。

【鲤鱼跳龙门】

释义：古代传说黄河鲤鱼跳过龙门，就会变化成龙。比喻中举、升官等飞黄腾达之事。

【猕猴骑土牛】

释义：比喻职位提升很慢。

【全国一盘棋】

释义：指全国各部门在中央统一领导下，全面安排，互相协作。

【三过其门而不入】

释义：原是夏禹治水的故事。后比喻热心工作，因公忘私。

【书同文，车同轨】

释义：车轨相同，文字相同。比喻国家统一。

【天网恢恢，疏而不漏】

释义：意思是天道公平，作恶就要受惩罚，它看起来似乎很不周密，但最终不会放过任何一个坏人。比喻作恶的人逃脱不了国法的惩处。

【无官一身轻】

释义：不做官了，感到一身轻松。封建官僚辞官以后常用这句话来自我安慰。现也泛指卸去责任后一时感到轻松。

【官有正条，民有和约】

释义：国家有国家的法律，民间有民规乡约。

【一竿子插到底】

释义：比喻一直贯彻到最基层，坚持到最终完成。

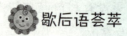 **歇后语荟萃**

【大炮打麻雀——大材小用】

释义：把大的材料用于小处。比喻人才使用不当，不能尽其才。

【赛马场上的冠军——一马当先】

释义：原指作战时策马冲锋在前。形容领先。也比喻工作走在群众前面，积极带头。

【开封府的包公——铁面无私】

释义：形容公正严明，不怕权势，不讲情面。包公：北宋著名清官包拯的尊称，官至龙图阁直学士，曾任开封府知府，执法严正，不徇私情。

【鸡戴帽子——官（冠）上加官（冠）】

释义："冠"与"官"同音。比喻官运亨通，连连晋升。

【外甥打阿舅——公事公办】

释义：比喻不存私心，该怎么办就怎么办。

【矮子爬楼梯——步步高升】

释义：比喻境况、生活一天比一天好，或地位、职位不断提高。高升：词义双关，既指位置升高，又指职位提升。

【诸葛亮挥泪斩马谡——执法如山】

释义：形容执法公正，不念旧情。

故事漫谈

马谡是马良之弟，素有才名，得到诸葛亮赏识。刘备临终前叮嘱诸葛亮马谡"言过其实，不可大用"，但诸葛亮并未听取。北伐时期，诸葛亮力排众议，任命马谡为先锋。

在《三国演义》中，马谡擅长于战争理论、战略部署和战术安排，但是缺乏实战经验。街亭一战中，他担任先锋，不听取副将王平的建言，一意孤行，犯了兵家大忌，导致蜀军惨败。由于

他立下了军令状，诸葛亮不得不将他处死以正军法。

"挥泪斩马谡"后，诸葛亮也自求降职，承担北伐失败的责任。

【嫦娥跳舞——两袖清风】

释义：嫦娥跳舞，衣袖中除了清风，别无所有。比喻做官清正廉洁。

【诸葛亮做丞相——鞠躬尽瘁，死而后已】

释义：诸葛亮做丞相，勤勤恳恳，竭尽心力，到死为止。鞠躬：弯着身子，表示恭敬、谨慎。尽瘁：竭尽劳苦。已：停止。

第二章　军事战略

　　自古以来，没有不用计谋的战争。在战争中不仅需要施谋定策，而且敌对双方的谋略较量也异常激烈，谋高一筹才能获得重大的战略利益，谋低一分就会遭受沉重打击，以致丧权辱国。中华民族长于思辨，精于筹谋，凭借奇谋妙计赢得战争的例子俯拾皆是，不胜枚举。

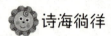 诗海徜徉

【但使龙城飞将在，不教胡马度阴山】

　　出处：唐·王昌龄《出塞》

　　释义：只要飞将军李广还在，绝对不会让敌人的军队翻过阴山，进入到内地。

【黄沙百战穿金甲，不破楼兰誓不还】

　　出处：唐·王昌龄《从军行》

　　释义：茫茫沙漠里，已经打了上百场仗，连身上的盔甲都磨破了，但只要不打垮楼兰，就坚决不回去。

【战士军前半死生，美人帐下犹歌舞】

　　出处：唐·高适《燕歌行》

　　释义：战士在前线英勇杀敌，死伤过半，将军还在营帐中观赏美人轻歌曼舞。

【虏塞兵气连云屯，战场白骨缠草根】

　　出处：唐·岑参《轮台歌奉送封大夫出师西征》

　　释义：战争异常惨烈，战场上寒风怒号，荒草中到处可见尸骨累累，肃杀悲凉，阴森恐怖，令人心惊胆战。

【十室几人在？千山空自多】

　　出处：唐·杜甫《征夫》

释义：十户人家中还有几户留存啊？只有山依然是那么多。说明战争带来大量人员伤亡。

【生女犹得嫁比邻，生男埋没随百草】

　　出处：唐·杜甫《兵车行》

　　释义：家里若是生个女儿，至少还能找个近邻嫁出去，如果生了男儿，却常常要葬身于荒野杂草之中。重男轻女是封建社会制度下普遍存在的心理，但是由于连年战争，男子被征兵，大量战死边疆，残酷的现实使人们改变了重男轻女的传统心理。

【安得壮士挽天河，净洗甲兵长不用】

　　出处：唐·杜甫《洗兵马》

　　释义：如何才能找到一位壮士，将天上的银河引下来，将所有的兵器都洗干净了，永远都不再用了呢？

【感时花溅泪，恨别鸟惊心】

　　出处：唐·杜甫《春望》

　　释义：战乱的时局，看到鲜花也会让人黯然神伤；离散的亲人，听到鸟鸣也会让人感到心惊。

【射人先射马，擒贼先擒王】

　　出处：唐·杜甫《前出塞》

　　释义：要想射人，应先射他的马；要想擒贼，应该先擒住他们的首领。比喻解决问题应找到问题的关键，抓住要害。

【几时拓土成王道，自古穷兵是祸胎】

　　出处：唐·李商隐《汉南书事》

　　释义：什么时候开拓疆土能成就帝王的仁义政治呢？穷兵黩武自古以来就是灾祸的根源。

【黑云压城城欲摧，甲光向日金鳞开】

　　出处：唐·李贺《雁门太守行》

　　释义：敌军如同黑云一般来势凶猛，城池仿佛要被压倒了；风云变幻，一缕日光从云缝里透射下来，映照在守城将士的甲衣上，金光闪闪。

【东风不与周郎便，铜雀春深锁二乔】

出处：唐·杜牧《赤壁》

释义：假使当年东风不给周瑜以方便，恐怕东吴已被曹操所灭，而大乔、小乔便要成为俘虏，被曹操锁在铜雀台中。

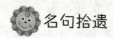 名句拾遗

【形人而我无形】

出处：《孙子兵法·虚实篇》

释义：设法使敌人显露形迹而使我军隐蔽得无影无踪。

【善战者，致人而不致于人】

出处：《孙子兵法·虚实篇》

释义：善于打仗的人，能调动敌人力量而不被敌人调动。

【谋者，所以令敌无备也】

出处：《孙膑兵法》

释义：用计谋，是为了使敌人没有防备。

【师直为壮，曲为老】

出处：春秋·鲁·左丘明《左传·隐公三年》

释义：出兵作战，有正当理由，军队的士气就强盛；而师出无名或者理屈，就会士气不振。

【不备不虞，不可以师】

出处：春秋·鲁·左丘明《左传·隐公五年》

释义：不对意外情况有所预料和准备，就不能随意出兵作战。

【战虽有阵，而勇为本】

出处：《墨子·修身》

释义：作战之中虽然阵列需要有讲究，但还是要以勇敢为本。

【天时不如地利，地利不如人和】

出处：《孟子·公孙丑下》

释义：拥有良好的时机，不如占据有利的地势；占据有利的地势，不如拥有团结一致的人心。

【事贵应机，兵不厌诈】

　　出处：唐·李百药《北齐书·司马子如传》

　　释义：用兵作战可以无限制地用计谋迷惑敌方。兵：军事，战争。不厌：不嫌。诈：欺骗，谋术。

【将欲败之，必姑辅之；将欲取之，必姑与之】

　　出处：《战国策·魏策》

　　释义：若想将敌人打败，不妨先暂且给他一点帮助；若想得到东西，不妨先给他点好处。

【运筹帷幄之中，决胜于千里之外】

　　出处：西汉·司马迁《史记·高祖本纪》

　　释义：在营帐中操控着战略，就能让远在千里之外作战的军队取得胜利。

【十则围之，倍则战之】

　　出处：西汉·司马迁《史记·淮阴侯列传》

　　释义：如果自己的兵力是敌人的十倍，就采用围攻战术；如果自己的兵力是敌人的两倍，就与敌人展开交战。

【攻是守之机，守是攻之策】

　　出处：《唐太宗李卫公问对》

　　释义：进攻是防守的转机，防守是进攻的策略。

【勇不足恃，用兵在先定计】

　　出处：宋·脱脱，阿鲁图等《宋史·岳飞传》

　　释义：作战不能只靠勇敢，用兵要先定好计谋。

【运用之妙，存乎一心】

　　出处：宋·脱脱，阿鲁图等《宋史·岳飞传》

　　释义：（打仗）运用的巧妙灵活，全在于善于思考。指高超的指挥作战艺术。

【千军易得，一将难求】

　　出处：元·马致远《汉宫秋》

　　释义：即使要招集一千名士兵也不用费力，但是要找到一个好的将领却十分困难。

【将在谋而不在勇，兵在精而不在多】

出处：明·冯梦龙《古今小说》

释义：将军领军作战在于谋略而不在于勇猛，士兵的战斗力在于精良而不在于人数众多。

【欲东而形似西，欲西而形似东，欲进而形似退，欲退而形似进】

出处：《历代名将事略》

释义：想要向东实则向西，想要向西实则向东，想要进攻实则撤退，想要撤退实则进攻。

【动莫神于不意，谋莫善于不识】

出处：《六韬·军势》

释义：最神妙的行动是攻敌不意，最好的谋略是敌人不能识破。

【兵家之有采探，尤人身之有耳目也。耳目不具则为废人，采探不设则为废军】

出处：《经武要略》

释义：军队设有间谍，如同人身上设有耳目一样。耳目不全就是废人，间谍不设就是废军。采探：侦查，间谍。

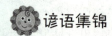 谚语集锦

【先人有夺人之心】

释义：先发制人就可以摧毁敌人作战的勇气和士气。

【兵来将敌，水来土掩】

释义：敌兵攻城，（我）有将士可以抵挡；大水来袭，（我）用土来掩埋。比喻不管对方使用什么手段，我总有相应的对付方法。

【欲攻敌，必先谋】

释义：要想进攻敌人，就必须先制定好策略。

【兵败如山倒】

释义：形容军队溃败就像山体倒塌一样，一败涂地。兵：军队。

【百战百胜，不如不战】

释义：即使总打胜仗，也比不上不打仗好。

【败兵之将，不敢言勇】

释义：打了败仗的将领，不敢对人讲自己如何英勇。多指人受了挫折之后，易失去自信心。也作"败军之将，不可以言勇"。

【兵不厌诈，将贵知机】

释义：指用兵作战可以使用欺诈的手段来迷惑对方，指挥作战的将领贵在能及时掌握有利战机。

【兵松松一个，将松松一窝】

释义：个别战士松散只影响个人，但将领松散就会影响整个部队。指对将领更要严格要求。

【兵随将令草随风】

释义：士兵听从将领的命令就像草随风而动一样。指军令如山，士兵个个要服从。

【如入无人之境】

释义：像到了没有人的地方。比喻打仗节节胜利，几乎没有遇到抵抗。境：地方。

【三拳不敌四手】

释义：比喻人少的敌不过人多的。

【养兵千日，用兵一时】

释义：平时供养、训练军队，以便到关键时刻用兵打仗。指平时积蓄力量，在必要时一下用出来。

【虎豹不外其爪】

释义：老虎和豹子不轻易将自己的爪子露出来。比喻军队不轻易把自己的威势和实力显露在外面。

【一个将军一个令】

释义：意为各个领导思路不一，命令各异。将军：比喻领导者。令：号令，命令。

【杯酒释兵权】

释义：本指在酒宴上解除将领的兵权。泛指轻而易举地解除将领的兵权。释：解除。

故事漫谈

宋太祖赵匡胤为了防止国家内部出现分裂割据的局面，加强中央集权统治，以高官厚禄为条件，解除将领们的兵权。

故事发生在建隆二年（961）七月，宋太祖赵匡胤召来自己的把兄弟进宫赴宴，这些把兄弟都是战功卓著，与他同辈分的大将。酒兴正浓时，赵匡胤说："当个皇帝也太艰难了，我可没有睡过一天安稳觉。"众兄弟忙问什么缘故，赵匡胤说："这有什么难明白的，皇帝位子谁不想坐？"他又进一步说："你们虽无异心，纵使你们不想干，办得到吗？"石守信等众弟兄连连叩头，请皇帝宽谅，表示："我们还没有意识到这个问题的严重性。"第二天，大家都以身体不适为理由，主动要求解除兵权。赵匡胤自然顺水推舟，同意了他们的请求。

 歇后语荟萃

【和尚抓头皮——无计可施】

释义：指没有办法可用。计：策略，办法。施：施展。

【东放一枪西打一棒——声东击西】

释义：指造成要攻打东边的声势，实际上却攻打西边。这是使对方产生错觉以便出奇制胜的一种战术。声：声张。

【诸葛亮弹琴——缓兵之计】

释义：延缓对方进攻的计策。指拖延时间，然后再想办法。

【海龙王的喽啰——虾兵蟹将】

释义：比喻不中用的兵将。

【打仗先下战表——师出有名】

释义：出兵必有正当的理由。后比喻做某事有充足的理由。师：军队。名：名义，引申为理由。

【楚汉相争——在谋不在勇】

释义：刘邦和项羽间的战争，在于智谋而不在于勇敢。说明行军打仗贵在谋略。

故事漫谈

楚汉相争，即刘邦和项羽争夺全国统治权的战争。秦亡后，项羽自立为西楚霸王，封刘邦为汉王，并分封其他十七人为王。后刘邦乘项羽前往攻击齐地之机，攻占关中，并东进占领项羽根据地彭城（今江苏徐州）。项羽回兵大败刘邦，但刘邦部将韩信攻占赵齐等地，威胁项羽后方。公元前203年，双方约定以鸿沟为界，东属楚，西属汉。次年刘邦主动出击，击败项羽，项羽自杀。刘邦继帝位，建立汉朝。

第三章　农业耕种

如果给你一块农田，你会种出绿油油的青菜、金灿灿的麦子吗？先别说大话，开口前先想想自己能否经受住"面朝黄土背朝天"的辛劳，即使可以吃苦，又是否懂得耕种的技巧？一块田地，只有精心照料、看护才会获得丰收，否则只是一块杂草丛生的荒地而已。

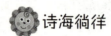 诗海徜徉

【足蒸暑土气，背灼炎天光】

出处：唐·白居易《观刈麦》

释义：两只脚（下）蒸腾着的是大暑天的土壤之气，背脊梁上灼烤着的是如火一般的太阳。形容劳作的艰辛。

【田家何待春禽劝？一朝早起一年饭】

出处：宋·绍定翁《插田》

释义：种田的人哪里用得着等待布谷鸟来催促耕种呢？每天是否早起，关系到一年的吃饭问题。

【乡村四月闲人少，才了蚕桑又插田】

出处：宋·翁卷《乡村四月》

释义：乡村四月里闲人很少，刚刚忙完采桑养蚕，又接着忙插秧。

【农家农家乐复乐，不比市朝争夺恶】

出处：宋·陆游《岳池农家》

释义：农耕之家是最快乐的，不像那些经商的人或官府的人为了金钱地位而凶恶的争夺。

【昨夜新雷催好雨，蔬畦麦陇最先青】

出处：宋·徐玑《新春喜雨》

释义：昨天夜里一声春雷，下起了一场春雨，菜畦和麦陇最先呈现出一片青绿的景象。

【三月四月江南村，村村插秧无朝昏】

出处：元·刘诜《秧老歌》

释义：三月四月的江南乡村，村村都在不分昼夜地插秧苗。

【深处种菱浅种稻，不深不浅种荷花】

出处：清·阮元《吴兴杂诗》

释义：水深的地方适宜种菱，水浅的地方适宜种稻子，而不深也不浅的地方适宜种荷花。充分反映了劳动人民充分利用自然发展生产的情形。

【东家稻熟早芟草，西家豆稀懒打虫】

出处：清·袁枚《劝农歌》

释义：东边一家的稻子获得丰收，而西边一家的豆苗长得稀疏，因为他们懒于给豆苗治虫。意在劝诫农民应勤于耕作、不要懒惰。

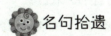 名句拾遗

【春贷秋赋民皆欢，春赋秋贷民皆怨】

出处：汉·刘安等《淮南子·说山训》

释义：春天放贷，秋天收税，农民就都会欢喜；但春天收税，而秋天放贷，农民就都会抱怨。

【禾稼春生，人必加功焉，故五谷得遂长】

出处：汉·刘安等《淮南子·修务训》

释义：禾苗从春天开始生长，但还必须有农民对其辛勤劳作，多下功夫，才能让五谷得以良好的生长。

【王事唯农是务，无有求利于其官，以干农功】

出处：春秋·鲁·左丘明《国语·周语上》

释义：在所有的公事当中，最重要的是专务于农业。没有为了自己的利益而妨害农事的事情发生。

【舍本事而事末作，则田荒而国贫矣】

出处：《管子·治国》

释义：抛弃农业而从事经商，就会使天地荒废，使国家贫穷。本事：农业。末作：指工商业。

【草茅弗去则害禾谷】

出处：《管子·明法解》

意为：不除掉有害的杂草，就会妨害庄稼的正常生长。

【数夺民时，大饥乃来】

出处：《吕氏春秋·上衣》

释义：多次占用耽误农时，就会造成大的饥荒。时：农时。

【地诚任，不患不财】

出处：《商君书·错法》

释义：当土地被真正利用起来，就不怕没有财源。

【善为国者，仓廪虽满，不偷于农】

出处：秦·商鞅《商君书·农战》

释义：善于治理国家的人，即便粮仓总是满满的，也不会放松农业生产。

【农，天下之大本也，民所恃以生也】

出处：东汉·班固《汉书·文帝纪》

释义：农业，是天下最根本的（产业），是百姓赖以生存的衣食来源。恃：依赖，倚仗。

【虽有兹基，不如逢时】

出处：东汉·班固《汉书·樊哙传赞》

释义：虽有田具，不如碰上及时雨。

【天为之农，而我不农，谷亦不可得而取之】

出处：北魏·贾思勰《齐民要术》

释义：上天给了我好时机耕种，而我不耕种，也就不会收获粮食。

【春不夺农时，则有食；夏不夺蚕工，则有农】

出处：宋·宋祁、欧阳修等《新唐书·来济传》

释义：春天不耽误农耕的时间，就能有粮食吃；夏天不占用蚕事工作，就能有衣服穿。蚕工：与蚕事有关的工作。

【寸麦不怕尺水，尺麦但怕寸水】

出处：明·无名氏《沈氏农书》

释义：一寸长的小麦不怕一尺高的水，（但是）一尺长的小麦却怕一寸高的水。正所谓麦初长时，任水灭顶无伤；"尺麦只怕寸水"，正所谓成熟时寸水软根，倒茎沾泥，则麦粒尽烂于地面也。

【救荒不如备荒，备荒莫如急农时】

出处：清·魏源《吴农备荒议》

释义：与其等灾荒来了再想办法补救，不如早防备灾荒，而防备灾荒最好的方法就是抓住农时。

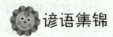 **谚语集锦**

【三百六十行，种田第一行】

释义：百业农为先。种田：务农。第一行：最好的行业，意为最驾轻就熟、最保险的行业。

【苏湖熟，天下足】

释义：苏（州）湖（州）一带粮食熟了，天下的粮食就有了。虽是夸张，但从一个侧面反映了苏湖一带农业发展水平高。宋元明清时期的中国的粮食供应基地主要集中于长江中下游的太湖、鄱阳湖和洞庭湖等平原和湖沼地区。这些地区不仅自身人口稠密，还要运出大量的粮食供应其他地区，所以从宋代以后就流行有"苏湖熟，天下足""苏常熟，天下足""湖广熟，天下足"的民谚。

【不插"五一"秧】

释义：过了 5 月 1 日就误了农时，即使补插补种也会全面减产。

【立秋三场雨，遍地是黄金】

释义：立秋前后的雨水对农作物是很重要的。

【早凉晚凉断种粮】

释义：早凉晚凉的秋天，一般是干旱的天气，粮食歉收。

【秋分天高白云来，处处欢歌好稻禾】

释义：反映秋分时节秋高气爽，丰收在望，即将进入秋收季节。

【一穗丢一颗，一亩拣一簸】

释义：告诫人们秋收要颗粒归仓。

【春生夏长，秋收冬藏】

释义：春天萌生，夏天滋长，秋天收获，冬天储藏。指农业生产的一般过程。亦比喻事物的发生、发展过程。

【大树之下无丰草，大块之间无美苗】

释义：大树遮挡了阳光，下面的草儿光照不足，自然也长不丰茂。同理，整地时土块不充分整细，影响苗的生长，导致长得不整齐。

【隔重山，多一担；隔条河，多一箩】

释义：这是指异地换种可以增产。换种的距离、原则很难具体说明，农谚就用"一座山""一条河"来代表。

【立秋无雨是空秋，万物历来一半收】

释义：立秋之后，作物生长正需要大量的水，这时如不下雨，谷物就要枯萎，粮食歉收。

【水稻开花遇东风，将来晒谷不要扬】

释义：水稻靠风传媒花粉，当水稻开花期间遇到拂拂的东风，有助于传粉，可以使颗粒饱满，减少空谷，故言"将来晒谷不要扬"。

【雨落四月八，果子有花无荚】

释义：四月正是各种果树开花的时期，如果连续下雨，就会影响蜜蜂传粉，造成有花无荚（无果）的后果。

【立夏北风如毒药】

释义：立夏是插秧耘草的时节，此时如果刮北风，则对秧苗生长极为不利，故把北风比作毒药。

【天上鲤鱼斑（透光高积云），明日晒谷不用翻】

释义：在夏秋季节，如果天空上出现像鲤鱼斑的云彩，那是透光高积云，说明明天将是晴天丽日，也是晒谷的好天气。

【不冷不热，五谷不结】

释义：气候如果没有冷热变化，那么粮食作物便不能结籽成熟。

【春时耕种夏时耘，粒粒颗颗费力勤】

释义：比喻只要辛勤劳动，必有收获。

【池塘积水须防旱，田地勤耕足养家】

释义：池塘里积水是为了防止干旱，土地深耕勤出是为了种好庄稼。

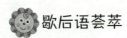 歇后语荟萃

【春雨落地——草苗一块儿长】

释义：春雨下过后，野草和禾苗都在生长。现比喻凡事都有两面性，有好的也有坏的。

【二八月的庄稼——青黄不接】

释义：旧粮已经吃完，新粮尚未接上。也比喻人才或物力前后接不上。青：田时的青苗。黄：成熟的谷物。

【屠夫说猪，农夫说谷——三句话不离本行】

释义：指人的言语离不开他所从事的职业范围。行：行当，职业。

【蚱蜢看庄稼——越看越光】

释义：说明蚱蜢会破坏庄稼。

【稻田里插秧——以退为进】

释义：弯着腰倒着走插秧，不会破坏已经插好的秧苗。比喻以退让的姿态作为进取的手段。

第四章 商业经营

　　就大多数人而言，发财致富靠的就是辛勤劳动，精打细算。但是，历史经验告诉我们，若要致富，经商是最快的渠道。那些依靠商业经营活动迅速地改变自己贫穷处境的古人，他们用自己的商业活动揭示出千古不易的"经商智慧"，指引着后人不断地创造财富。

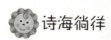 诗海徜徉

【逆旅整设，以通商贾】

　　出处：三国·魏·曹操《步出夏门行·冬十月》

　　释义：把旅店都准备好了，准备迎接往来贸易的商人。逆旅：迎接宾客的地方。

【善贾笑蚕渔，巧宦贱农牧】

　　出处：南朝·宋·鲍照《观圃人艺植诗》

　　释义：善于经商的人耻笑那些以养蚕捕鱼为生的人。含官污吏轻视以农牧为生的人，表现了财大气粗的商人和投机取巧的官吏看不起贫穷的"蚕渔"和农牧。

【年年逐利西复东，姓名不在县籍中】

　　出处：唐·张籍《贾客乐》

　　释义：商人为了追求利润整年在外面奔走，以至于连县里的户籍册上都没有了他的姓名。

【商人重利轻别离，前月浮梁买茶去】

　　出处：唐·白居易《琵琶行》

　　释义：商人重利不重情，常常轻易别离，上个月他（不告而别）去浮梁做茶叶的生意。

【天涯地角无禁利，熙熙同似昆明春】

出处：唐·白居易《昆明春水满》

释义：普天之下无法禁止求利，这里虽然偏僻却很热闹，好像昆明的春天一样。

【风吹柳花满店香，吴姬压酒劝客尝】

出处：唐·李白《陵酒肆留别》

释义：风吹柳花满店香，吴地的女子压好了酒请客人品尝。吴姬：吴地女子。压酒：酒熟时将酒汁压出。

【一解市头语，便无乡里情】

出处：唐·元稹《估客乐》

释义：一旦懂得了如何做买卖，就连邻里之间的情分都不管了，只顾一味赚钱。市头语：指生意人说的行话。

【今日好南风，商旅相催发】

出处：唐·刘禹锡《荆州歌二首》之一

释义：今日刮南风，倒卖货物的商人准备出发了。好风自南来，是写空间，也写时令节律，南方与夏天对应，南风吹拂，夏日即将来临，于是春江水开始阔大起来，有利于商船出行。

【一匹千金亦不卖，限日未成宫里怪】

出处：元·王建《织锦曲》

释义：即使一匹布值千金也不卖，但在规定的日子内没有交布也会遭到宫廷的责怪。可以推断出这些女工也从事商业性质的经济活动。

【波斯老贾度流沙，夜听驼铃识路赊】

出处：元·马祖常《河湟书事》

释义：来自波斯的老商人穿过浩瀚的沙漠来做生意，晚上听着单调的驼铃声，知道路途还远着呢。可见当时青海道上行旅和落户者多有穆斯林。赊：遥远。

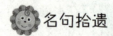 名句拾遗

【旱则资舟，水则资车，以待乏时】

出处：春秋·鲁·左丘明《国语·越语上》

释义：大旱之年收购船只，大水之年抛售船只，并收购车辆，待到大旱之年再抛售车辆。

【良贾不为折阅不市】

出处：《荀子·修身》

释义：精明的商人不会因为有时亏本而不做生意。

【长袖善舞，多钱善贾】

出处：战国·韩非《韩非子·五蠹》

释义：袖子长了，跳起舞来就好看；资本雄厚，做起生意来才顺手。贾：做买卖。若要经商致富，首先就要有足够的资本。

【天下熙熙，皆为利来；天下攘攘，皆为利往】

出处：西汉·司马迁《史记·货殖列传》

释义：天下人为了利益蜂拥而至，为了利益各奔东西。熙熙、攘攘：形容人来人往，喧闹纷杂。

【商不出则三宝绝，虞不出则财匮少】

出处：西汉·司马迁《史记·货殖列传》

释义：如果商人不做买卖，那么粮食、物品和财富就无法流通；如果掌管山泽的人不开发利用资源，那么财富就会减少。

【贵出如粪土，贱取如珠玉】

出处：西汉·司马迁《史记·货殖列传》

释义：当货品的价格极高时，就要像扔掉粪土一样赶快抛售；当货品的价格极低时，就要像购买珍宝一样趁机购买。

【贪买三元，廉买五元】

出处：西汉·司马迁《史记·货殖列传》

释义：贪图重利的商人只能获利 30%，而薄利多销的商人却可获利 50%。

【夫纤啬筋力，治生之正道也，而富者必用奇胜】

出处：西汉·司马迁《史记·货值列传》

释义：精打细算，勤苦劳动，才是发财致富的正路。但想要致富的人还必须出奇制胜。纤啬筋力：精打细算，勤苦劳动。

【用贫求富，农不如工，工不如商】

出处：西汉·司马迁《史记·货值列传》

释义：转贫为富，从事农业不如工业，工业又不如商业。

【富无经业，则货无常主】

出处：西汉·司马迁《史记·货殖列传》

释义：致富没有固定的职业，财货没有固定的主人。说明在财富面前人人平等，既使你身份相差悬殊，一样可以成为财富的主人。

【无财作力，少有斗智，既饶争时，此其大经也】

出处：西汉·司马迁《史记·货殖列传》

释义：在没有财力的时候，应该努力创造财富；在拥有一些财富后，就要靠财富来经营；财富多了，就要努力争取赚钱的机会，这才是发财的常理。

【天下之利无不瞻，而山海之货无不富也】

出处：汉·桓宽《盐铁论·通有》

释义：天下的利没人会不想要得到它，因此，在山中和海上出产的货物就无不富有。说明经营海里和山上的生意最赚钱。

【凡商贾，志在利耳】

出处：清·蒲松龄《聊斋志异》

释义：金钱是商人追求的最高目标。

【商办者必处处打算，并使货美价廉】

出处：清·盛宣怀《禀庆邸》

释义：做生意的人必须处处精打细算，并使货物精美且廉价。

【今日之竞争，不在腕力而在脑力，不在沙场而在市场】

出处：清·梁启超《论民族竞争之大势》

释义：今日的竞争，不在武力而在智慧，不在战场而在市场。

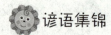 谚语集锦

【货真价实，童叟无欺】

释义：货物真实，价钱实惠，连小孩老头都不欺骗。形容买卖公平诚实。

【让客三分理，不说满口话】

释义：（无论客人是否有理）对客人都要礼让三分，而且不说脏话。

【有货货到，没货话到】

释义：有货就发货，没货就先把话说到。

【不说乡土话，不欺外地客】

释义：不说家乡话，不欺负外地客人。

【经商要知商，知商会经商】

释义：经商要了解商业之道，了解商业之道才会更好地经商。

【要经商，走四方】

释义：要想从事经商，就得走遍四方。

【十年能学个秀才，十年难学个买卖】

释义：十年苦读可以成为一个秀才，但十年买卖却难成为一个商人。

【贸易岂无学问，经营内自有文章】

释义：贸易岂能没有学问，经营中自有文章。

【百样生意百样做】

释义：百种生意有百种做法。

【小钱不去，大钱不来】

释义：不付出小代价，就不会获取大利益。

【本小利微，本大利宽】

释义：正所谓本钱小，利润少；本钱大，利润多。

【要想吃鱼，就不能怕腥】

释义：比喻要想得到好处，就不能怕担风险。

【折本才会赚钱】

释义：折（shé）本：赔本。正所谓赔了本才知道赚钱的窍门。

【生意不怕折，只怕歇】

释义：折（shé）：折本。正所谓做生意不怕赔本，就怕停下不做。

【货卖一张皮】

释义：要重视商品包装。

【货卖与识家】

释义：货物要卖给识货的人。

【买卖不成仁义在】

释义：生意做不成，交情仍在。

【千卖万卖，折本不卖】

释义：无论怎样交易，亏本的买卖是不干的。

【上门的买卖好做】

释义：正所谓主动送上门的生意容易成交。

【吃过的馍馍不香，嚼过的甘蔗不甜】

释义：经商要有创新精神，做第一个吃螃蟹的人，才能抢占财富先机。

【神仙难定柴米价】

释义：意为随行就市价格浮动。神仙：比喻有最大本事的人。柴米：也泛指基本生活必需品。

 歇后语荟萃

【吕洞宾打摆子——颤仙（占先）】

释义：比喻抢占先机。

【二分钱开当铺——周转不开】

释义：本指专门收取抵押品放贷的店铺。比喻资金紧张，运转不开。

【房檐上玩把戏——不要命】

释义：比喻冒的风险太大。玩把戏：杂耍。

【拾麦打烧饼——纯赚】

释义：比喻不花本钱就获得利润。

【百家姓不念第一个字——开说就是钱】

释义：百家姓是"赵钱孙李，周吴郑王……"，跳过第一个字"赵"，第二个便是"钱"，所以说，"开说就是钱"。比喻眼睛里只有钱。

【行船争解缆，买卖占先头——很多船泊在一起】

释义：开工了，谁先解开船缆，将船开出，谁就占据了主动。借喻领先行动。

【砂锅捣蒜头——一锤子买卖】

释义：只做一次生意。多指价钱贵，货色次，服务态度不好，导致顾客不愿再来打交道。

【一斗换十升——不赔不赚】

释义：古代计量单位中，一斗等于十升。比喻做生意既不赔钱也不赚钱。

第五章　缤纷技艺

现在社会流行一句顺口溜，"80年代靠文凭吃饭，90年代靠经验吃饭，21世纪靠本领吃饭"。然而，本领不是一朝一夕就能学会的，非下苦功夫不可。正所谓"台上一分钟，台下十年功"。

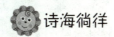

诗海徜徉

【敢将十指夸针巧，不把双眉斗画长】

出处：唐·秦韬玉《贫女》

释义：贫家女敢用精巧的针线活夸耀自己灵巧的双手；却不涂脂画眉，与人争艳取胜。诗句表现了贫家女对自己劳动的自信和朴实的性格。

【端州石工巧如神，踏天磨刀割紫云】

出处：唐·李贺《扬生花紫石砚歌》

释义：端州石工的手艺如神般精巧，他们能登上高如云天的山峰上去采取紫色的砚石。诗句以高超的想象力讴歌了广大劳动人民的勇敢和智慧。端州：地名，在今广东省，以出产端砚而闻名。紫云：比喻紫色的砚石。

【九秋风露越窑开，夺得千峰翠色来】

出处：唐·陆龟蒙《秘色越器》

释义：深秋时节，风霜白露，无限荒凉，但只要越窑一开，千峰叠翠便尽在其中。诗句赞美越窑青瓷的典雅秀美，称赞了越窑烧窑工人的技艺高超。越窑：唐代时最著名的青瓷窑之一，在古代的越州境内，故称越窑。千峰翠色：指越窑上的花纹。

【欲剪'宜春'字，春寒入剪刀】

出处：唐·崔道融《春闺》

释义：说明剪纸这项技艺在当时社会中，已经是十分普遍的一项民间技艺了。宜春：一指旧时立春及春节所剪或书写的字样。民间与宫中将其贴于窗户、器物、彩胜等之上，以示迎春。

【丹青妙处不可传，轮扁斫轮如此用】

出处：宋·黄庭坚《戏题小雀捕飞虫画扇》

释义：赞扬画扇上的绘画艺术，其神妙工致之处很难用语言说出。就如造车高手轮扁擅长于造车，只知操作而不能言传一样。丹青：即丹砂和青䒴，绘画颜料，用以代称绘画艺术。轮扁：春秋时齐国的造车名匠。斫轮：造车，总称为高手。

【人间巧艺夺天工，炼药燃灯清昼同】

出处：元·赵孟頫《赠放烟火者》

释义：人间的能工巧匠的高超技艺胜过了天上的工匠。夺：胜过。形容技艺十分巧妙。

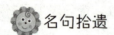 名句拾遗

【不兴其艺，不能乐学】

出处：《礼记·学记》

释义：如果不喜欢这种技艺，就不能心情愉悦地去学习它。说明只有有兴趣，才能主动去学习。兴：喜欢。

【术不可不慎】

出处：《孟子·公孙丑上》

释义：谋生的技艺不能不慎重选择。

【人之巧，乃可与造化者同功乎】

出处：《列子·汤问》

释义：工匠技艺之精巧，可以与天然媲美。赞叹工匠技艺之高。造化：指天地。功：精好。

【技艺之士资在于手】

出处：《商君书·算地》

释义：对于手工业者来说，他们的资本就在于他们手中的技艺如何。

【操千曲而后晓声，观千剑而后识器】

出处：南朝·梁·刘勰《文心雕龙·知音》

释义：练习一千支乐曲之后才能懂得音乐；观察过一千柄剑之后才知道如何识别剑器。

【百工者，以致用为本，以巧饰为末】

出处：汉·王符《潜夫论·务本》

释义：工匠以制造出的器物有实际用处为根本，以巧弄粉饰为末。

【无他，但手熟尔】

出处：宋·欧阳修《欧阳文忠公文集·归田录》

释义：没有什么大不了的，只不过自己对这个很熟练罢了。正所谓熟能生巧。

【不一则不专，不专则不能】

出处：宋·苏轼《应制举上两制书》

释义：不集中攻习一种艺术就难以有专长，没有专长就难尽其才能。

【神仙本是凡人做，只为凡人不肯修】

出处：明·冯梦龙《醒世恒言·李道人独步云门》

释义：神仙本来是普通人变成的，只因为人们不愿意潜心修炼，所以当不了神仙。说明只要努力锻炼，总会登堂入室，攀登高峰。

【工不兼事则事省，事省则易胜】

出处：《慎子·威德》

释义：工匠不同时做两种工作，那么他们的工作就专一，工作专一就容易取得成功。说明只有专才能精。

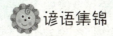 谚语集锦

【十八般武艺样样精通】

释义：指能熟练使用十八种古代兵器，现也比喻精通多种

技艺。

【千招要会，一招要好】

　　释义：既要掌握多种技能，还要特别精通一种。

【千般易学，一窍难通】

　　释义：说明对于熟悉的事物要把握其本质和规律，也说明真正精通一门学问或一种技艺是不容易的。窍：窟窿，通气小孔，也指事物关键。

【哪个鱼儿不会识水】

　　释义：比喻在哪个行业做事就会熟悉哪个行业的技能。

【要学惊人艺，需下苦功夫】

　　释义：吃得苦中苦，方为人上人。

【手艺是活宝，走遍天下饿不倒】

　　释义：有一技之长就等于拥有宝贝，到哪儿都有钱可赚，不会饿肚子。

【手艺不到家，迟早要出丑】

　　释义：手艺学得不精，迟早会吃亏。意在人要有高超的技能，有过硬的本领。

【内行看门道，外行看热闹】

　　释义：（对于某件事）局内人就会看清楚问题的本质，局外人只看表面情况。行：行业。

【隔行如隔山，隔行不知艺】

　　释义：不同行当就像隔着一座山一样，不同行业间有着不同的技艺。每个行业都有自己的特性，不是局外人可以了解的。

【艺多不压身】

　　释义：谓学些本领对自己有好处。

【平时练，急时用；平时松，急时空】

　　释义：平时苦练，关键时刻就会用上（这个本领）；平时偷懒、懈怠，关键时想施展技艺也是不可能的。说明学艺不能偷懒，应刻苦练习。

【偷得走你的钱，偷不走你的手】

释义：别人可以偷走你的钱财，但偷不走你的手艺。

【看病请医生，学艺找能人】

释义：生病了要请大夫，学手艺要拜技艺高超的人。

【百艺百穷，九十九艺空】

释义：各种各样的技艺都想学通，那么百分之九十九会落空。指学艺贵在精，不宜贪多。

【不怕学不会，只怕不肯钻】

释义：世界上的事，只要肯用心钻研，都能学会。

【棋高一着，缚手缚脚】

释义：本指棋艺，后比喻技术高人一头，对方就无法施展本领。

【积财千万，不如薄技在身】

释义：积累千万钱财，还不如亲自学到一种简单的技术。

【百日笛子千日箫，小小胡琴拉断腰】

释义：学吹笛子要一百天才能学会，学吹箫要一千天才能会，要拉好小小的胡琴都能把腰累折。比喻要做好什么事都不容易。

【三亩棉花三亩稻】

释义：喜欢晴天的棉花和喜欢下雨的水稻各种三亩，不管什么样天气必有一得。比喻人应多掌握几种本领，才能应付各种情况。

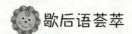 歇后语荟萃

【拳不离口，曲不离口——练出来的】

释义：形容刻苦用功。

【戏子教徒弟——幕后指点】

释义：私下里传授技艺。

【山猴子爬树——拿手好戏】

释义：演员擅长的剧目。泛指最擅长的本领。

【战国时期的酒坛子——古色古香】

释义：形容器物、书画等富有古雅的色彩和情调。

【骑毛驴不用赶——道熟】

　　释义：比喻富于某种经验，做起事来非常熟悉。

【鞋上绣金凤——会走不会飞】

　　释义：比喻功夫没到家，还差点。

【鼓楼上的灯笼——高明】

　　释义：比喻见解独到或技能高超。

【鲁班的手艺——巧夺天工】

　　释义：鲁班的手工技能可以胜过天然。形容技艺十分巧妙。

夺：胜过。